U0749792

德国柏林公共体育建设及对杭州启示研究

张　硕　张禄彭　著

浙江工商大学出版社
ZHEJIANG GONGSHANG UNIVERSITY PRESS
·杭州·

图书在版编目（CIP）数据

德国柏林公共体育建设及对杭州启示研究 / 张硕，
张禄彭著 . — 杭州：浙江工商大学出版社，2023.4
ISBN 978-7-5178-5232-2

Ⅰ .①德… Ⅱ .①张… ②张… Ⅲ .①群众体育—社
会服务—研究—柏林 ②群众体育—社会服务—研究—杭州
Ⅳ .① G815.164 ② G812.4

中国版本图书馆 CIP 数据核字（2022）第 227524 号

德国柏林公共体育建设及对杭州启示研究
DEGUO BOLIN GONGGONG TIYU JIANSHE JI DUI HANGZHOU QISHI YANJIU
张　硕　张禄彭 著

责任编辑	王　琼	
责任校对	韩新严	
封面设计	朱嘉怡	
责任印制	包建辉	
出版发行	浙江工商大学出版社	
	（杭州市教工路 198 号　邮政编码 310012）	
	（E-mail：zjgsupress@163.com）	
	（网址：http：//www.zjgsupress.com）	
	电话：0571-88904980，88831806（传真）	
排　　版	杭州彩地电脑图文有限公司	
印　　刷	浙江全能工艺美术印刷有限公司	
开　　本	710mm×1000mm　1/16	
印　　张	10.25	
字　　数	178 千	
版 印 次	2023 年 4 月第 1 版　2023 年 4 月第 1 次印刷	
书　　号	ISBN 978-7-5178-5232-2	
定　　价	45.00 元	

"他山之石"的启示：助力杭州城市国际化发展，打造全民体育"智慧之城"

　　城市国际化对一个城市的发展方向有着至关重要的影响，是一个城市发展到一定程度之后必然面临的一个选择。杭州目前正走在城市国际化建设的道路上。英国拉夫堡大学全球化与世界级城市（Globalization and World Cities，GaWC）研究小组与网络组织，将国际化城市分为 Alpha、Beta、Gamma、High Sufficiency、Sufficiency 5 个等级，并用加减号来标记等级内的次级别。G20 杭州峰会让世界看见了一个具有"独特韵味、别样精彩"的新杭州，使杭州在 2018 年全球城市的排名从 100 名开外跃升至第 75 名，城市等级从 Gamma+ 级跃升 3 级成为 Beta+ 级城市。[①] 最新的 2020 年 GaWC 报告显示，杭州排第 90 名，属于 Beta 级。近年来，杭州的城市国际化等级总体呈上升趋势。GaWC 提出的城市国际化评价体系中包括 13 个具有重要影响的重大指标，其中第十二条就是"强大的体育社群，如体育设施、本地联赛队伍，以及举办国际体育盛事的能力和经验"。GaWC 在对一个城市国际化程度的考量中，体育具有非常重要的地位，其重要性甚至要高于第十三条"拥有国际港口"。可见，体育作为一个城市的重要组成部分，对其国际化发展有着至关重要的影响。因此，为城市打造一张靓丽的体育国际化名片是当地政府必然面临的重要课题之一，一个城市的体育名片就是其对体育价值的认可，是反映城市与体育和谐发展的具体行动与思考。

　　杭州目前正面临着一个重要的国际化契机，即第 19 届亚运会。这不

---

① Globalization and World Cities：《GaWC：2018 世界城市名册》，《上海城市规划》2018 年第 1 期，第 134—135 页。

仅是杭州发展为国际化城市的重要机遇，也是杭州政府相关部门大力提升城市全民运动热情和运动水平的重要契机。国际赛事作为一个向世界展现城市风貌的机会，可以在短时间内通过媒体集中化报道迅速将整个城市的基本状况，尤其是体育基础展现给全世界。以北京奥运会为例，北京奥运会的转播覆盖了全世界 220 个以上国家和地区，使北京的城市形象得到了多角度的国际传播。同样，青岛在这方面也体现出国际化水平，通过承办奥帆赛和一系列国际高端帆船比赛，打造了"世界帆船之都"的形象。由于体育赛事的推动，一个城市的国际化发展水平可以迅速提高。因此，杭州应借助亚运会的机遇提升城市形象，推动城市形象的国际化传播。

面临亚运会，杭州不仅要把握机遇，也应该借此机遇走上一条通往"健康城市"的道路。如今，健康城市已成为世界城市发展的一种趋势。欧洲于 1986 年就设立了"健康城市项目"，如今全世界有 600 多个城市将"健康城市"作为创建目标，并逐渐形成一个全球性的健康城市网络。城市居民乃至一国人民的健康状况是一个关系到国计民生的大课题。人民健康是社会文明进步的基础，是民族昌盛和国家富强的重要标志，也是广大人民群众的共同追求。党的十八大以来，党中央把维护人民健康摆在更加突出的位置，召开全国卫生与健康大会，确立新时代卫生与健康工作方针，印发《"健康中国 2030"规划纲要》，发出建设健康中国的号召，明确了建设健康中国的大政方针和行动纲领，人民健康状况和基本医疗卫生服务的公平性、可及性得到持续改善。习近平总书记一直把人民健康放在首位。他指出，发展体育运动，增强人民体质，是我国体育工作的根本方针和任务。全民健身是全体人民增强体魄、健康生活的基础和保障，人民身体健康是全面建成小康社会的重要内涵，是每一个人成长和实现幸福生活的重要基础。我们要广泛开展全民健身运动，促进群众体育和竞技体育全面发展。因此，在杭州市承办亚运会的重要节点，关注大众体育、提升公民体育的参与度与公民健康水平就成为一个至关重要的研究课题。

没有全民健康，就没有全民富裕。可以说，全民健身的需求是新时代背景下的健康需求，全民健身是促进全民健康的重要实现手段。早在 2007 年，杭州市就被列为全国 10 个建设健康城市试点城市之一，有力地推进了"生活品质之城"的建设；同时，随着杭州市逐步成为"世界互联网之都"，它已经走在用互联网和数字技术打造"智慧体育"的道路上。这对于满足大众对优质、高效、惠及全民的公共体育建设需求来说有着重要的意义。多元化的体育与健身要求是否得到了满足，对城市居民的幸福指数高低有很大影响。近年来，我国许多城市进行了大规模棚户区改造，或大规模扩展城市居住用地。在这个过程中，居民生活空间的改造能否与居民体育和运动健身的需求有效结合，将原先功能单一的绿地公园逐步向多个体育运动项目、多项公共服务配套设施转化，建成一批具有体育锻炼和文化休闲功能的体育公园，改善全民健身需求中的短板，让城市成为全民体育运动健身的"标杆"，就显得至关重要。而在这一方面，杭州市正走在国内领域最前沿，并且正在进一步建设和完善"数字体育"及"智慧体育"网络体系。2022年，杭州率先成立了杭州市数字体育促进会，充分发挥专业机构、社会力量的作用，推进数字化体育建设。4个项目成功入选全省体育数字化改革"揭榜挂帅"项目，入选数量居全省第一。杭州市本就是走在互联网发展前列的智慧之城，将体育运动与数字化发展相结合更是杭州的优势所在。例如，"AI动杭州"微信小程序成为杭州市民运动的数字化全能助手，赛事报名、健身地图、体质测试等都能一键搞定。在数字体育的基础上，杭州市体育事业发展中心下属各个场馆也都全面提升了公共体育场馆的服务水平。2022年，杭州共有36个公共体育场馆、83家城市百姓健身房和134家民营健身场所被纳入平台，实现查询、导航、预约、支付等相关功能。如今的数字体育正逐渐满足老百姓对公共体育服务的需求，以数字终端的形式为市民群众提供体育服务。各个场馆也在努力强化数智治理，引入自助服务机、人脸识别、无人值守闸机等智能化设备，实现场馆运营服务的全流程自助，加快智慧场馆建设。

早在2020年，杭州市体育建设就迎来了一个重要的发展，杭州全民健身中心工程顺利通过竣工验收。该健身中心是杭州市重点民生工程之一，占地23.25亩（15500平方米），总建筑面积达88143平方米。健身中心内设游泳、乒乓球、羽毛球、篮球、击剑等运动项目场馆。全民健身中心的投入使用，不仅为专业的体育运动队提供了训练场地，也极大地丰富了广大市民的公共体育空间。近年来，杭州市体育局等有关部门始终关注市民体育的发展和市民身体素质的提升，先后举办过"全民健身、相约杭州"主题的一系列活动，包括"业余网球巡回赛""横渡钱塘江活动""市民体质大赛暨国家体育锻炼标准达标赛""国际樱花徒步节"等群众喜闻乐见的大众体育活动，切实提升了杭州市大众体育的档次和水平，受到了一致好评。

虽然近年来我国大众体育得到了长足的发展，但是在满足人民的休闲需要、提高全民体育参与度以及完善城市体育设施建设方面，欧美国家是走在前列的。欧洲的体育城市遵循自生型发展路径，体育历史传统悠久，体育运动方式与市民日常生活高度融合，已经形成了相对高效完善的机制。尤其是有着深厚运动传统的德国首都柏林，自从 1990 年两德统一以来，随着一个"新"柏林的诞生，城市重建不仅结合了先进的科学理念，而且还蕴含了德国人民对绿色健康生活的向往。现在的柏林居住着 360 多万人，作为奥运之城，它 5 次入选"全球顶级体育城市"。柏林作为世界大都市，最吸引人的是它的自由、开放、前瞻性和敢于尝试，这些特征使柏林成为创意大都市、旅游胜地、领先的科学中心和初创企业中心。柏林在创意产业、旅游和文化领域实力雄厚，并且作为研究、投资和服务基地的重要性日益显著。体育是重要的经济和区位因素，柏林的体育产业年营业额超过 10 亿欧元，拥有近 2 万名员工。体育赛事是柏林旅游业的重要组成部分，每年都会吸引许多国内外观众来柏林参观旅游。2009 年，柏林市政府与六大俱乐部、体育协会等柏林重要的体育产业和部门一起提出了"打造柏林体育大都会"的倡议，确保柏林作为顶尖的体育城市，在世界上保持高水平持续发展。

1936 年，奥林匹克运动会在柏林举办。1945 年，柏林经历了战火的洗礼被分割成两部分，但在那之后大大小小的体育赛事也没间断过。现在的柏林不仅是德国政治和文化中心，也是国际体育都市。如今柏林为全世界的体育运动爱好者提供各式各样的体育产品，其中包含了运动训练场地、体育赛事观赏、体育健身服务和体育用品。体育产业也给柏林城市经济发展带来了巨大收益。德国规模最大的马拉松赛事是柏林马拉松，它也是六大马拉松赛事之一，参赛人数高达 4 万人。柏林马拉松直接带来的收益有电视转播费、广告赞助费、标志特许使用费等，还间接地拉动了柏林市的旅游业、餐饮业、消费业、用品业等行业的发展。此外，柏林还承办了两届世界杯足球比赛、欧洲冠军联赛、德国甲级职业足球联赛、欧洲游泳锦标赛、欧洲田径锦标赛等一系列竞技运动比赛。因为体育赛事的举办，承办地前期需要有足够的资金投入体育场馆、道路交通、环境保护等各方面的建设，后期还需要有足够的专业人才进行筹备、策划和保障比赛运行。这些体育赛事的成功举办，向世界展现了柏林是一个经济实力雄厚并具有良好的社会经济结构的城市。

柏林的体育城市建设蕴含了德国人对绿色健康生活的向往。在德国，有许多人选择自行车作为交通出行工具，骑行有助于身体健康，也降低了对环境的污染。而柏林科学的城市规划，让这座现代化大都市置身于湖泊和森林之中，城市中的公园绿地错落分布，时常让人分不清在这里骑行的人是为了生活奔波的职员，还是慕名而来的游人。人们可以选择官方推荐的 11 条骑行路线，巡游这座古老而又新兴的城市。至此，在柏林骑行不再是一项简单的运动，而是一场赏心悦目的文化之旅。除了骑行外，数次当选欧洲"体育之都"的柏林也是各项运动爱好者的乐园。柏林现有体育俱乐部 2009 个，为 54 万注册会员提供体育服务，运动项目不仅有各类球类运动、游泳等，还有极限运动和水上运动。城市公园和绿地、穿城而过的河流航道、分布在城市周边的森林与湖泊，这些风景绮丽的自然风光为柏林运动爱好者提供了天然的活动场所。

柏林是一个国际化大都市，城市中的体育锻炼人群复杂繁多，除了本土的德国人外，还有大量来自世界各地的移民群体；除了一般人群外，还有特殊人群，包括残疾群体等。体育运动促进了柏林社会的融合，积极向上的体育精神不受肤色、宗教、性别、身体健全与否的影响，各个群体因体育运动而凝聚在一起，有了交流各自价值观和思想的机会。这也使"体育之都"柏林处处洋溢着体育运动的气息。因为柏林有着众多的体育俱乐部和室内外运动场所，居民家附近就有娱乐和运动场所以及公共体育设施。它们是人们运动训练的场地，也是休闲娱乐的好去处。据统计，各个生活社区都为居民提供公共体育设施，帮助人们维持精神状态和身体机能并促进健康的老龄化。各类体育设施和地理环境有机结合，通过改善体育设施的利用管理，以及开放和设计其他公共空间（如绿地、停车场或运动场），大大提升了人们的生活品质，塑造了柏林体育城市的重要形象。

青少年体育运动的开展离不开社会中的体育俱乐部。柏林校园体育课程以培养学生从事终身体育性活动的意愿及能力，发挥学生个人特长，培养学生毅力、团队合作等能力，以及使校园体育成为课外体育和运动文化，尤其是俱乐部运动的连接纽带为目标。柏林校园体育同时包括：与校外体育俱乐部进行合作，丰富体育课程及内容；以学校为单位组织参加区或市体育比赛；发现和培养青年体育人才；等等。柏林体育城市的建设离不开各个体育俱乐部的参与。体育俱乐部为居民提供体育健身服务，也提供就业岗位，有的俱乐部还为国家队输送各类人才。其中值得注意的是，大多数岗位在柏林是有志愿者服务性质的，柏林的体育俱乐部共有约44200 名成员担任志愿职务，约 30800 名男性和约 13400 名女性担任了 3 万多个职位，他们有效保障了体育俱乐部的良好运行。

柏林参议院也为支持城市体育运动做出了重要贡献，包括制定严格的体育运动法规条例、支持群众体育运动的政策措施，以及推动体育产业及其相关产业发展。政府其他部门也为体育发展提供其他服务，如警察部门对重大比赛的保障、城市规划与建设部门对城市体育场地设施的规划设计等。本书对柏林体育城市建设的优点和特色进行了概述，并从中汲取成功经验，为我国城市体育建设提供参考。

最后感谢葛树怿、陈嘉莉、谈智超、任张燕4名同学对资料搜集工作提供的帮助！

目录

第 一 章

杭州与柏林
公共体育产业概述

一、杭州体育产业发展概况与特色

杭州市是浙江省省会，同时也是浙江省经济、文化、科教中心，长江三角洲中心城市之一。杭州市下辖 10 个区（上城、拱墅、西湖、滨江、萧山、余杭、临平、钱塘、富阳、临安），2 个县（桐庐、淳安），代管 1 个县级市（建德）。全市有 191 个乡镇（街道），其中乡 23 个、镇 75 个、街道 93 个，居委会 1293 个、行政村 1913 个。全市土地面积 16850 平方千米（根据杭州市第二次土地调查），其中市区面积 8289 平方千米。

"十三五"时期，杭州市在经济社会高速发展的背景下，体育产业发展规模不断壮大，增速明显，逐渐形成较为完善的产业体系、繁荣的消费市场、优秀的品牌赛事、公平的市场环境、高涨的健身热情，为杭州市"十四五"体育产业实现高质量发展目标打下坚实的基础。

第一，产业规模壮大，品牌效应显著。"十三五"期间，杭州市体育产业规模不断壮大，体育产业总产值占全市 GDP 比重逐步增长，2019 年体育产业总产值达 685 亿元，提前完成"十三五"规划的 600 亿元产值目标。截至 2020 年末，杭州市体育企业名录库收录体育企业 7790 家，其中 6111 条数据经核实完善录入浙江省体育企业名录库。成功创建国家级运动休闲特色乡镇 1 个、列入省级运动休闲乡镇培养清单 4 个、运动休闲旅游示范基地 5 个、精品线路 7 条、列入省体育品牌赛事名录库项目 19 个，努力发挥产业品牌的示范和引导作用。

第二，产业格局形成，产业融合加强。"十三五"期间，杭州市基本形成以体育用品制造业、体育健身休闲业、体育竞赛表演业为主导，运动休闲、体育培训、体育旅游、体育文创、体育健康服务等市场协同发展的产业格局。体育彩票销售稳步增长，实现销售额 160 亿元，远超"十三五"规划的 100 亿元目标。体育产业与旅游休闲、文化创意、数字经济、医药康养、影视传媒等产业的融合不断加强，山地户外、水上运动、航空运动、冰雪运动、户外探险、丛林穿越等各具特色的休闲运动产业规模持续壮大，形成一批具有国际知名度的优秀体育旅游目的地，协同带动旅游、文化、金融等多产业发展。

第三，赛事品牌打造，骨干企业引领。以亚运城市行动计划为抓手，杭州市大力推进国际品牌赛事的落户和本土体育品牌赛事的培育。2019 年，杭州市累计举办 1600 余场各项体育赛事，成功举办钱塘江国际冲浪对抗赛、国际（杭州）毅行大会、杭州西湖赛艇挑战赛等 10 余项杭州本土国际品牌赛事，为市民提供丰富的赛事活动，也对杭州市着力打造具有杭州特色的国际化"体育赛事窗口"、促进体育消费转型升级、展现体育产业新动能发挥了重要作用。过去 5 年，杭州市基本形成了具备竞争优势的水上运动器材、户外运动装备、家庭健身设备制造体育企业和品牌，打造了 2 家国家级体育产业示范单位、5 家浙江省体育制造业示范企业和 8 家浙江省体育服务业示范企业，对完善和拓展产业链、带动上下游企业协同发展、促进产业集聚化、激活体育产业生态圈做出了突出贡献。①

2018 年统计报告显示杭州市有体育社团 303 个。《2019 年浙江省全民健身发展状况调查公报》显示，截至 2019 年底，全省共有各类体育场地设施 183472 个，体育场地设施总面积 13702.65 万平方米，人均体育场地面积 2.34 平方米，平均每万人拥有体育场地设施 31.36 个。杭州市体育场地设施数量最多、面积最大，分别为 27955 个、2176.9352 万平方米，占全省体育场地设施总量的 15.24%、体育场地面积总量的 15.89%，位居全省第一。杭州市的全民健身路径和乒乓球的场地数量最多，分别为 8548 个和 4553 个。调查数据显示，截至 2019 年底，浙江省城乡居民每周参加 1 次及以上体育锻炼的人数为 3147 万，经常参加体育锻炼的人数（含在校学生）比例为 41.8%。《2019 年浙江省全民健身发展状况调查公报》显示，杭州市经常参加体育锻炼的人数比例最高，为 44.7%，位居全省第一。②

1. 特色之一：健身路径为主、专业场馆为辅的体育设施建设

杭州市公共体育设施建设具有鲜明的中国特色以及杭州本地的地方特色。通过对杭州市体育运动场所的整理分析，杭州市是全省全民健身路径数量最多的城市，健身路径及健身点占了各类体育设施总和的 41.4%。这些健身路径上每隔一段距离就有一个简易的健身器具，包括单双杠、腰背按摩器、太极轮、仰卧起坐板、跷跷板等适合广大群众锻炼身体的户外健身器材。但健身路径上的锻炼设施长期处在室外，因此受天气影响较大，而且缺乏定期的维护，受雨雪侵蚀，设备老化严重。各行政区内最主要的全民运动方式是健身路径，其次较为重要的是篮球场和羽毛球场；

---

① 杭州市人民政府门户网：《杭州市"十四五"体育产业发展规划》，http://www.hangzhou.gov.cn/art/2021/8/20/art_1228974682_59040614.html，2021-09-10。
② 浙江省体育局：《2019 年浙江省全民健身发展状况调查公报》，http://tyj.zj.gov.cn/art/2020/4/8/art_1229560421_59044566.html，2021-09-10。

另外，乒乓球是我国民众较为喜爱的休闲方式之一，乒乓球场地成为第三大主要休闲运动场所。相对耗资较大的游泳馆则成为最稀缺的城市公共体育运动资源。专业健身房、专业游泳池、羽毛球场馆等设施的规划配置需要投入较多资金，而且后续也需要有足够的资金支持，因此在杭州每个县（市、区）只有少数社区配备此类大型场地及场馆。杭州市公共体育场地类型与数量情况如表 1-1 所示。

表 1-1　杭州市公共体育场地类型与数量①

场地种类	数量 / 个	占比 /%
健身路径（步道）及健身点	11116	41.4
篮球场	4743	17.6
乒乓球场（房）	2673	9.9
健身房	1998	7.4
运动场及体育馆	1468	5.6
羽毛球馆	866	3.2
游泳池（馆）	728	2.7
排球场	379	1.4
网球场	328	1.2
足球场	299	1.1
体操（艺术体操）	281	1.0
其他项目	2003	7.5

为了保障亚运会的成功举办，根据亚运会场馆建设的相关要求及杭州市"十三五"体育场馆设施建设的实际，杭州市以奥体中心主要场馆、亚运村以及新建场馆为重点，充分利用现有和在建场馆，整合资源，合理布局全市亚运会场馆及设施建设，形成了"二心七副、一环八片、均衡网络化"的空间结构。通过强化市、区公共体育设施，构建具备承担重大国际赛事能力的赛事体育设施；通过新建、改造等多种方式完善社区体育设施，逐步形成"15 分钟运动圈"和"5 分钟健身圈"。②

生态文明与城市休闲体育互相促进，良好的生态文明让城市休闲体育蓬勃发展，而城市休闲体育是生态文明建设的实施目标。杭州市是生态文明建设的典范，成功地将生态环境与休闲体育相结合，形成了独具杭州特色的休闲体育产业。

---

① 诸葛田野：《社会公平：杭州市公共体育设施的配置与空间布局》，《浙江体育科学》2022 年第 5 期，第 37—40 页。数据来源于全国第七次体育普查结果。
② 常德胜：《大型体育赛事促进杭州城市品牌建设与传播的路径研究》，《浙江体育科学》2018 年第 5期，第 17—21 页。

"园林绿道"的休闲运动是杭州特色。上有天堂，下有苏杭，杭州曾连续 3 次获得 3 届"中国十大休闲城市"榜首。杭州市林地面积 1766.97 万亩（11779.8 平方千米），森林面积 1689.74 万亩（11264.9 平方千米），森林覆盖率高达 66.85%，拥有"三江两岸"城市生态带、健身绿道和西湖景观带等园林，此外还有城北体育公园、三山公园、太子湾公园、江洋畈生态公园等公园绿地几百处。城市居民可以在草地上或树荫下进行打太极拳、抖空竹、手打毽子等运动。在城市治理和全民健身的推动下，休闲体育活动内容逐渐丰富，城市绿地为居民城市休闲运动和民族传统体育活动提供了空间。

2. 特色之二：学校体育设施与全民健身融合互补

近几年来，杭州市在惠民政策方面出台了很多新的意见和方案，其中比较重要的就是让市民的体育需求更好地与学校体育设施相融合。学校体育设施因学校时间管理的因素，经常会处于闲置状态，而周边居民的运动诉求却因场地的限制时常得不到很好的满足。于是，杭州市政府出台了让学校体育设施向社会居民开放的诸多政策。自 2014 年 9 月 1 日起，杭州的 251 所公办中小学体育场地面向市民开放，只要居民有市民卡，到所在社区开通一下进入学校进行体育锻炼的功能，就可以在规定的时间内进入所在辖区的中学或小学校园进行体育锻炼。[①] 但其中也仍然存在诸多管理问题，用市民卡管理学校和社区体育相融合会导致很多没有市民卡的居民被拒之门外。城市公共体育设施不应该仅仅针对本地市民，而应该鼓励更多的居民参与其中，尤其是城市中越来越多的外来务工人员和投奔子女的外地老年人，只有这样才能够满足人民群众全民健身的运动需求。

杭州市各系统的公共体育设施数量与面积如表 1-2 所示。

表 1-2　2013 年底杭州市各系统的公共体育设施数量与面积[②]

系统类型	场地数量 / 个	数量占比 /%	场地面积 / 万平方米	面积占比 /%
体育系统	264	1.1	49.2	3.0
教育系统	9132	38.6	919.3	56.9
其他系统	14292	60.3	648.5	40.1
合计	23688	100.0	1617.0	100.0

---

① 郭海莲：《对杭州市公共体育设施管理模式的探讨》，《教师》2015 年第 14 期，第 100 页。

② 诸葛田野：《杭州市公共体育设施空间布局与优化研究》，浙江大学硕士学位论文，2020 年。数据来源于杭州市第六次体育场地普查结果，以 2013 年 12 月 31 日为标准时点开展普查，因此 2014 年 1 月 1 日以后新建的体育场地并未收入统计内容中，所以数据相对本书第三页中 2019 年的调查公报有些许差异。

从表 1-2 中我们可以发现，教育系统的公共体育设施数量占比 38.6%，面积占比 56.9%；其他系统数量占比 60.3%，面积占比 40.1%。在场地面积上，教育系统拥有 919.3 万平方米的公共体育设施，其他系统场地面积 648.5 万平方米，但教育系统的场地数量却比其他系统要少得多。我们统计分析后发现，学校体育场地主要是球类运动场，这些体育设施的合理开放和利用，很大程度上缓解了体育设施资源不均的矛盾，也促进了城市居民全民健身和竞技运动的开展。

2020 年受新冠疫情的影响，校园采取了封闭式管理，许多居民的锻炼受到了很大影响。杭州市体育局和市教育局共同决定在全省率先恢复中小学体育场地对外开放。市民可以通过社区线下办理、杭州市市民卡线上办理等渠道提前预约进入，各校严格按照"进校刷市民卡 + 测温 + 离校刷市民卡"的工作步骤，形成市民入校健身"身份识别—健康确认—离校确认"的工作闭环。校园体育场地的开放给市民们提供了更多健身锻炼的机会。

3. 特色之三：公共体育数字化服务治理极具优势

杭州市的互联网和数据化发展可谓处于全国甚至全球的领先地位，随着云计算、物联网、互联网、大数据等新型技术手段进入社区和公共体育领域，该领域呈现出信息化、网络化和智能化的特点。社区范围内的居民从事体育活动的需求是否得到满足、是否对服务质量感到满意等问题，在新的网络化时代都应该能够通过相关的综合服务或治理平台得到呈现。政府应该建设更多的综合发展和治理平台，为居民参与公共体育提供更好的数字服务和数字支持。目前，杭州社区网是社区服务的最主要平台，由杭州市政府投资、杭州市经济信息中心主办，目前已有近 400 家社区在线，是以便民、利民为宗旨的服务性综合类网站，致力于成为区域性主流生活类服务网站。杭州社区网凭借其独特的社区平台、网络资源和政府支持，在杭州市或社区性活动中作为主要参与方，如：2006 年杭州世界休闲博览会；浙江图书馆、杭州图书馆、科协等单位的社区讲座；同时网站内含有大量有关民间体育和公共体育活动的相关信息，可以方便居民更加智能地参与到体育活动之中。

杭州社区网为居民提供电脑和手机端口，市民只需要登录杭州社区网"全民健身公共服务平台"，就可以实现随时查询各种有关体育场馆和体育赛事的信息，也可以在线完成相关体育赛事门票的购买，以及各种民间赛事的报名，还可以根据不同场馆所提供的服务查询社区场馆分布、健身时间、预约服务、组团健身等相关信息。凭借杭州社区网"全民健身公共服务平台"的大数据优势，杭州市政府还可以根据相关的大数据分析居民的身体素质、健康状况，同时借助平台向市民分享健身技巧、公共卫生知识等，从而实现智慧全民健身服务和智慧体育教育服务，如体育通识科普、体育达标辅导、体育技能培训等；通过个性化定制体育需求和反馈评价机制，实现智慧体育咨询服务和智慧体育质量评估服务（服务需求与满意度调研、服务投诉等）。网络平台目前能够实现的主要功能包括线上、线下两部分：线上服务的主要内容有智慧体育场馆服务（社区场馆分布、预约服务、约伴服务等），智慧全民健身服务（健身点分布、约伴服务等），智慧体育教育服务（体育通识科普等），智慧体育赛事服务（赛事讯息、赛事预约、赛事欣赏等），智慧体育咨询服务（服务标准、服务价格、服务导流等）和智慧体育质量评估服务（服务需求与满意度调研、服务投诉等）；线下服务的主要内容有智慧全民健身服务（健身指导、体医指导等），智慧体育教育服务（体育达标辅导、体育技能培训等），智慧体育质量评估服务（服务投诉等）。线上线下结合型的主要内容有智慧全民健身服务（健身指导、体医指导、约伴服务等），智慧体育教育服务（体育通识科普、体育达标辅导、体育技能培训等），智慧体育赛事服务（赛事预约等），智慧体育咨询服务（服务标准、服务价格、服务导流等）和智慧体育质量评估服务（服务投诉等）。[①]

同时，杭州市为打造全国"数字经济第一城"，积极组建"数字专班"，开发"AI动杭州"微信小程序，搭建赛事和培训报名、购票支付、科学健身、协会组织、百姓健身房、场馆地图等应用板块，与浙江体育公共服务平台共享18家已开放的公共体育场馆和79家城市百姓健身房数据，实现查询、导航、预约、支付功能，形成了多渠道服务格局。[②]市民现在可以通过手机软件、微信公众号和支付宝，了解场馆实时信息，预订体育场馆和健身房，选择购买体育产品和健身课程等。

体育与"互联网+"模式极大地便捷了老百姓的生活。科技公司和体育场地管理部门利用体育大数据和智能科技与体育运动相结合，优化场馆运营效率，降低运

[①] 王海棠、翁惠根：《杭州市社区智慧体育公共服务体系构建研究》，《运动精品》2021年第5期，第53—54页。
[②] 浙江省体育局：《杭州抓关键小事解体育生活大事》，https://www.sport.gov.cn/n14471/n14482/n14519/c977516/content.html，2021-09-10。

营成本，提升客户服务体验，采用智能监测、数字媒体、人工智能等新技术，打造社区型 15 分钟健身圈。

例如，杭州首个大型智慧文化体育综合体阿里体育中心，整个运动场馆总建筑面积 4.4 万平方米，场馆内有篮球场、网球场、游泳池、羽毛球场、乒乓球场、健身房、舞蹈房等各种各样的体育场地，同时还有海塘遗址博物馆、非遗馆、中华优秀传统文化传习馆等多个文化场馆。运动场馆智能化管理，无人值守，人们可以自助进出，先享后付，便捷支付。江干区体育中心建成后，杭州市政府又投入近 4 亿元新建九堡、丁兰两大文体中心，此外还积极推动场馆低免开放，重大节日和每月 1 日、15 日，市属公共体育场馆都会免费对外开放，部分项目分时段向老年人、残疾人等特殊群体免费或低收费开放，更好地满足辖区居民健身锻炼的需求。

4. 特色之四：休闲体育旅游产业发达

杭州市体育产业逐渐完善，极大地便捷了居民的体育运动，吸引了越来越多的人加入健身队伍中。这也促进了体育及相关产业的发展，体育与旅游、健康、教育和服装等产业广泛融合。人们积极参加骑行、登山、马拉松、漂流、越野等户外运动，这些项目也吸引了许多外来游客前来体验，休闲体育行业得到了蓬勃发展。主城区经济发展好，人口集聚，交通便利，而城区外有丰富的山地资源和水域资源。

杭州市体育休闲行业协会在 2008—2012 年有会员单位 20 余家，2013—2014 年有 40 余家，2015 年有 60 余家，2016 年有 100 余家，2017 年有 170 余家，2020 年有 200 余家。2017 年承接政府资源 40900 元，接受社会资源 566062 元，会费收入 334736 元。[①]

杭州市体育旅游资源十分丰富，种类繁多。不仅有大型的体育赛事如杭州国际马拉松、中超联赛、国际（杭州）毅行大会、西湖跑山赛、杭州山地马拉松等，还有体育节日庆典如世界休闲博览会、西溪龙舟文化节、西湖赛艇节、西湖国际瑜伽文化节等。除此之外，风景秀丽的自然环境让旅游者能沉浸体验如登山、攀岩、越野滑雪、骑行等对自然条件要求较高的体育项目（见表 1-3）。

---

① 陈泽彬、陈莹莹：《杭州市体育休闲行业协会成长研究——基于组织的资源依赖理论》，《浙江体育科学》2020 年第 2 期，第 47—51 页。

表 1-3　杭州体育旅游自然资源分类表 [1]

类型	分布	体育旅游资源项目
地貌景观类	玉皇山、龙井山、南高峰、大慈山、南屏山、凤凰山、吴山、灵隐山、北高峰、仙姑山、栖霞岭、宝石山、天目山、大明山、富阳永安山、桐庐大奇山、纪龙山	登山、攀岩、越野赛、户外拓展
水域景观类	西湖、钱塘江、京杭大运河、湘湖、富春江、新安江、千岛湖	漂流、冲浪、垂钓、划船

杭州地貌景观为体育旅游项目提供了必要的天然场所，开发了一批优秀的体育旅游项目，如"中国西湖群山越野赛""杭州 100 公里越野赛""徒步穿越大明山"等。相对地貌景观资源，水域景观体育旅游资源的开发利用显得较为匮乏。[2]

如表 1-4 所示，每一个体育旅游资源项目具有当地特色，形成了自身特点与经验，涉及徒步、骑行、自驾、攀岩、越野、漂流、滑翔等多个体育项目，目前如何将这些开发的体育旅游资源进行进一步的整合设计，吸引并拉动更多的游客前来消费，是接下来杭州开发体育旅游资源的重点。

表 1-4　杭州已开发的体育旅游资源项目

地域	已开发的体育旅游资源项目
杭州西湖区	杭州西山国家森林公园徒步
杭州萧山区	湘湖休闲旅游度假区
杭州余杭区	余杭双溪漂流
杭州富阳区	永安山滑翔基地（滑翔伞、滑翔飞翼、拓展、漂流），桐洲岛（皮划艇探索旅行）—永安山（滑翔伞）—龙门古镇（定向、登山）
杭州桐庐县	纪龙山神仙峰户外拓展基地（攀岩、溯溪、悬崖速降、溶洞探险），东方云水涧旅游度假区，桐庐潇洒运动休闲公园
杭州淳安千岛湖	千岛湖骑行，千岛湖羡山运动休闲旅游综合体

休闲体育是人们美好生活的重要组成部分，体现了人对生命解放的追求，展现了人与自然的和谐共处，促进了社会健康良好发展。在这一点上，杭州优越而独特的地理和人文环境与德国有着高度的相似性。德国建立了较为完善的社会福利制度，这让德国人每年都有较多的休闲时间，保障了他们享受社会公共资源的权利。

---

① 陈宝珠、金淑丽：《全域旅游背景下杭州体育旅游资源的开发研究》，《旅游论坛》2018 年第 4 期，第 98 — 104 页。

② 陈宝珠、金淑丽：《全域旅游背景下杭州体育旅游资源的开发研究》，《旅游论坛》2018 年第 4 期，第 98 — 104 页。

在自然环境保护方面，德国各个联邦州一共颁布了约 8000 部环境保护法律法规，为休闲体育提供了良好的活动空间。同时，德国人全民健身的热情高涨，体育是其主要的休闲方式。

随着国家和人民对体育旅游质量提升的要求，体育旅游项目需要进一步的改善，这样才能吸引更多的游客。地处长江三角洲南翼的杭州，山水相依、湖城合璧，有着丰厚的历史文化背景的同时也是国家重点风景旅游城市。杭州拥有良好的区位交通优势和坚实的经济保障，使杭州体育旅游产业有着很大的开发空间。

5. 杭州市公共体育以及全民健身中存在的问题和不足

2018 年度杭州市体育场地设施建设情况如表 1-5 所示（截至 2019 年 1 月 14 日）。

由表 1-5 所示数据可见，近几年杭州市在体育场地和设施的建设中投入了大量的人力和财力，体育场地设施人均占有面积不断增长，杭州市常住居民拥有的公共体育资源不断扩大，公共体育和居民体育硬件条件逐步改善。尽管体育场地和设施有了长足发展，公共体育仍然面临着不少问题和不足。

表 1-5　2018 年度杭州市体育场地设施建设情况

所在区域	2017 年人均面积 / 平方米	2018 年总数量 / 个	2018 年总面积 / 平方米	2017 年末常住人口 / 万	2018 年人均面积 / 平方米	增幅 /%
杭州市	1.86	24290	19573481.68	946.8	2.07	11.3
上城区	0.52	313	202662.07	34.8	0.58	11.5
下城区	1.40	644	774051.42	53.1	1.46	4.3
江干区	2.06	2392	1711012.45	77.2	2.22	7.8
拱墅区	1.12	909	875945.36	56.2	1.56	39.3
西湖区	3.80	2379	3313942.47	83.1	3.99	5.0
滨江区	2.22	1015	803383.91	35.1	2.29	3.2
萧山区	1.74	4263	3154762.90	145.4	2.17	24.7
余杭区	1.17	3290	2070293.37	147.6	1.40	19.7
西湖风景名胜区	1.50	90	59486.19	2.9	2.05	36.7
下沙经济技术开发区	0.15	51	84286.75	35.6	0.24	60.0
大江东产业聚集区	0.04	101	28020.79	20.1	0.14	250.0
桐庐县	2.41	1414	1081172.08	42.9	2.52	4.6
淳安县	4.22	1830	1540460.91	35.3	4.36	3.3
建德市	2.17	1606	1026906.99	44.5	2.31	6.5
富阳区	2.14	1955	1663376.65	73.9	2.25	5.1
临安区	1.69	2038	1183717.37	59.1	2.00	18.3

一项问卷调查[①]显示，目前杭州市的社区体育活动存在很多问题。例如，社区体育活动大约有 51% 是由社区、协会等组织的，仅占一半，而另外 49% 则是由居民自发性的体育团体来组织的。居民参与社区体育的形式依然较为单一，主要体现为独立性和原子化：居民参与体育活动的主要形式是个人独自活动的占 38%，与朋友一起活动的占 29%，与家人一起活动的占 23%。由此可见，社区体育组织等官方组织和政府部门组织居民体育活动的力度仍然不够大，健身没有形成组织和规模，大部分居民都还是以自己独自健身或在熟人小团体内自发相约健身为主。同时，大部分居民在进行体育活动的过程中都没有专门的组织和指导。居民自发健身带来的问题主要有：①全民参与度不高，有运动健身习惯的人会坚持健身，而部分缺乏自觉行动力的居民则因为缺乏组织和引导不制订健身计划，或不参与健身活动；②健身缺乏专业性的指导，这对于缺乏体育运动常识或相关知识的居民来说可能会形成不科学的运动方式，诸如运动形式单一，缺乏乐趣和多样性，甚至因为缺少引导而导致运动损伤等；③没有针对不同年龄层次和性别区别而专门组织设计的活动，居民的体育活动呈现单一化的形态，尤其对于老年人和青少年来说，运动形式的单一容易导致兴趣缺乏，热情度降低，难以长期坚持。

造成运动形式和内容单一问题的原因，与体育场地和设施的单一化也有着很大的关系。调查显示，杭州市社区居民参加体育锻炼的主要形式为散步、舞蹈、太极拳等项目。这些项目之所以高度流行，是因为其对场地的依赖度相对较低，在健身场地和器材不足的情况下容易实施。但是这样的运动方式也有着明显的缺点，最大的问题就是这些无须借助场地和器材的运动往往运动强度较低，运动负荷小，经过长时间的运动之后仍然达不到应有的运动强度和运动效果。虽然近年来杭州市的体育场地和设施始终在建设和发展之中，但是随着居民全民健身意识的增强，场地和设施依然无法满足居民健身的需求（见表 1-6）。问卷也表明，居民中有 46% 的人认为体育运动花销是一笔合理的花销，可见花钱买健康的观念已经深入人心，体育活动已经成为居民日常消费的一部分。但是就目前杭州市所能提供的公共体育和居民休闲体育选项来说，显然没有达到居民的期望。因而居民对整体的社区和公共体育服务满意度调查主要集中于"一般满意"或"未接触"也就不足为奇了。

---

① 以下调查数据来自吴胜、吴刚、曾坚毅：《城市社区体育公共服务组织管理的研究——以杭州市为例》，《浙江体育科学》2014 年第 6 期，第 59—62 页。

表1-6 居民反映的社区体育设施问题（问卷816份）

体育设施问题	占比/%
种类单一	42.16
数量少	30.50
缺乏管理	11.20
缺乏场地器材	9.46
不清楚器械的使用方法	6.68

二、柏林公共体育运动及体育经济发展的历史经验

1. 柏林公共体育运动发展概况

（1）公共及休闲体育设施完善

德国柏林市以其众多的大型体育赛事、146家德甲俱乐部和其他顶级体育项目、居民积极的运动和锻炼行为而成为闻名德国乃至世界的体育大都市。柏林居民在家附近就能享用到许多休闲运动场所和完善的公共体育设施。政府通过改善体育设施的利用与管理，以及开放和设计其他公共空间（如绿地、停车场或运动场等），大大改善了城市居民的运动条件。同时，柏林市政府还将促进体育运动视为各个相关部门的任务。在公民积极参加体育运动的过程中，俱乐部会提供运动场所和专业运动人士对其进行指导。

无论是慢跑、散步、游泳、球类运动、溜冰、网球、羽毛球、高尔夫、瑜伽还是武术，在柏林，有2009个运动俱乐部提供免费的训练场（包括室内和室外运动场），供人们进行体育锻炼。仅柏林就有1200多个公共体育设施：69个室内游泳池，34个室外夏季游泳池，500个足球场，130个街头篮球场，50个滑冰设施，以及攀岩、慢跑路径和自行车道等。柏林作为体育赛事大都会，已经成功举办了许多顶尖体育赛事。例如，奥林匹克体育场（欧洲最大的运动场之一）、欧罗巴体育公园和梅赛德斯—奔驰竞技场（Mercedes-Benz Arena）等运动场馆都通过组织专业的体育赛事来吸引人们的目光。

除了专业的运动场外，柏林还有很多专门为更加受当地居民喜爱的休闲运动而开辟的小众运动场所，如地掷球运动场馆。自20世纪60年代以来，在施洛斯（Schloss）街道的中间，在弗罗斯特（Forster）和利格尼策大街（Liegnitzer Straße）

之间等许多地方，很多人都在玩地掷球。在克罗伊茨贝格（Kreuzberg）的 Paul-Lincke-Ufer，每天不管天气如何，总会有人在玩地掷球，其中包括经验不足的初学者和资深爱好者。自 1991 年以来，越来越多的人参与到地掷球运动中来。同时，每年举行 10 场充满竞争的地掷球比赛，一群优秀的地掷球手脱颖而出，并组建了一个"Au FerSchöneberge.V."俱乐部，还参加了 LPVB 的联赛。自 2002 年以来，地掷球运动也逐渐走入了专业化的体育场馆，普伦茨劳堡就在 Mauerpark Boule 附近的马克斯·施梅林体育馆进行地掷球运动。社区休闲运动管理人员将整个区域分为训练和比赛区域。为了保证运动的安全性，场地还安装了特殊的地板覆盖物和安全柱。前身是法国盟军地掷球球场的 Boulodrome，占地 8200 平方米，是德国最大的地掷球爱好者游乐区，拥有 400 平方米的 10 条国际标准球道。可见，柏林市的体育设施建设不仅仅关注到了最受大众喜爱的运动项目，同时也在不断发展新兴的小众体育娱乐项目，引导和培植民众的体育参与度，不断为居民开辟出新型的体育娱乐和休闲可能性。因为这些小众场馆的独特性，往往很容易就走在全国甚至世界前列，便可以吸引来自全国甚至各国的爱好者前来参与。打造这种独特的小众体育项目"名片"，既提升了城市的开放度和知名度，也提升了当地整个体育休闲产业的丰富程度。

（2）老年人运动及儿童运动投入比例大

促进体育运动发展，必须考虑到体育运动的主要动机，如享受游戏、锻炼、比赛和表演、保持和恢复健康、积极塑造休闲时间、促进养育和教育等。柏林市历来较为关注体育参与群体之间的需求差异。居民休闲体育与竞技体育发展最为不同的一大特点就是，居民体育的参与主体之间差异巨大，对场馆、服务和参与策略有着极为不同的需求。例如，儿童和青少年参与体育的需求与全职工作的中年人和退休在家的老年人完全不同，所以对居民休闲体育的差异化发展提出了较高要求，无论是从体育活动与城市服务的理念、规模、功能还是政府引导上看，都要求差异化发展。而柏林市在这一方面的建设和组织体现出了良好的差异度和层次感，尤其是在对老年人和儿童这两个团体的服务上体现出特色，也显示了温暖的人文关怀。例如，柏林地区体育运动协会及其合作伙伴会专门为老年人提供免费的体育运动信息，包括根据老年人的需求专门开辟涉及"健康与体育"的相关活动，每季度还会举办一次专门为老年人开展的主题活动，让老年人在同龄的团体中享受符合自身需求的特色活动。柏林国家体育局也支持各个俱乐部为会员举办老年人运动会，或者为住在体育设施附近的老年人举办专门的团队活动。在体育俱乐部的帮助下开展的这些体育运动项目，为老年人进行体育锻炼提供了良好的机会。许多项目都展现了极好的效果，如"教练50岁以上"项目（德国奥林匹克体育联合会示范项目的一部分，参与者和组织者都表示，这是"真正适合50岁以上老年人的体育活动"）。作为国家体育协会的一项资助计划，柏林政府还在筹备在老年人群聚集的区域新建更多的老年人专属运动室。

与老年人的需求不同，儿童体育运动有着不同的特点。柏林市根据儿童的身心发展特点，制订了一系列"团体性"活动，其中又以俱乐部和团队协作活动为主。这样做的主要目的就是让儿童更多地在集体活动中享受运动的乐趣，同时提升儿童的团队协作能力和交往能力，让儿童通过运动敞开视野，广泛交友，避免儿童形成封闭、孤僻的生活环境。为了提升贫困儿童的参与度，柏林市政府专门拿出了专项资金支持与儿童体育俱乐部相关的活动。例如，参与俱乐部各种相关儿童运动的孩子，都不必交月会员费和一次性入场费。如果他们能够证明自己的需要，政府则会为处于社会不利地位的儿童和青少年提供可持续的免费会员资格。作为补偿，参加运动的组织在其成员有资格期间将获得经济方面的支持援助。作为服务的一部分，体育俱乐部将提供现有的基础设施以及合格的教练或培训师，以接纳有关青年并为他们提供持续的支持和指导。该计划不仅将体育锻炼带入了人们的生活中，而且真正从社会支持的角度出发帮助了那些需要帮助的儿童和他们的家庭。儿童和年轻人积极参加体育俱乐部通常会对他们的个人发展产生积极影响。在社会中，体育运动为树立正确价值观和规范概念做出了重大贡献。通过与他人一起合作，儿童和年轻人能体验到学习很有趣，还能懂得努力和坚持可以带来回报，团结合作可以轻松赢得胜利的道理，从而不断地挑战自我、突破自我。

除去社会层面的儿童和青少年俱乐部的支持之外，柏林市还非常重视中小学校内体育设施建设，关心青少年的校内体育活动。根据柏林市的青少年运动发展规划，每一个在校学生都享有丰富的体育活动项目和充足的活动空间的权利。因此自20世纪中叶以来，柏林市各个学校就非常重视校内体育场馆和设施的建设，以保障在校学生的体育活动质量。可以说，柏林市早就意识到，促进青少年和儿童体育运动尤其应扩大体育活动的范围，支持青少年和儿童体育活动的内容、形式和方法的创新，支持俱乐部和协会积极开展专项支持和帮助青少年及儿童参与体育运动的相关工作，投入足够的资金支持，确保体育组织之间的合作，同时加强体育运动的志愿工作，在该过程中特别要注重保障社会弱势群体、经济困难群体中儿童的利益。

柏林市大中小院校运动场馆情况如图 1-1 所示。

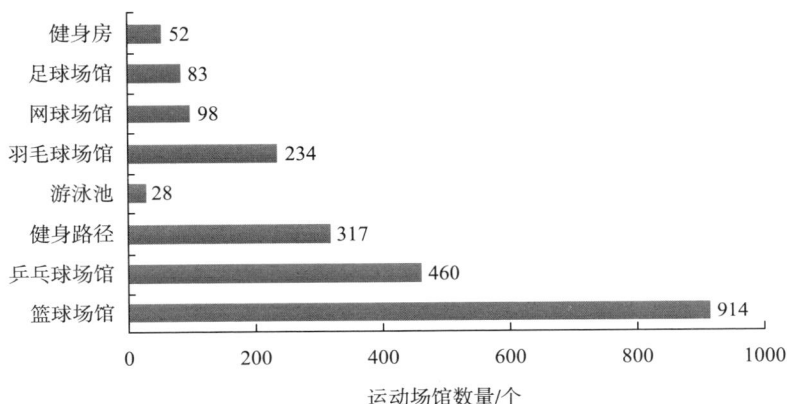

图 1-1　柏林市大中小院校运动场馆情况

（3）柏林市政府对体育产业建设予以大力政策支持

柏林参议院为支持城市体育运动做出了重要贡献。为了将体育产业发展落到实处，柏林市政府在这一方面着实提供了充足的资金投入和支持。提高体育和体育赛事经济效应的重要因素之一就是促进竞技体育和大众体育的发展，而想要提升整个大众体育的参与度，就意味着要加强免费体育基础设施建设。柏林参议院历来重视这方面的发展，不遗余力地开辟专项拨款（柏林参议院的补助金年均 7430 万欧元），以促进这一领域的发展。早在 2006—2010 年，参议院内政与体育部共拨款 4.458 亿欧元用于发展大众体育。除去拨款之外，还有由柏林当局提供的各种服务。柏林市政府和参议院同时联合多部门，共同参与到整个保障和建设中，其中包括参议院教育部，青年和科学部，参议院城市发展和环境部，参议院卫生和社会事务部，参议院经济、技术和研究部，以及柏林警察局。柏林的公司也对体育大力支持：柏林的德甲俱乐部 80% 的广告收入来自柏林的公司，2/3 的大型俱乐部和 1/3 的中小型俱乐部都得到了柏林公司的支持。

柏林体育产业的发展起步早、历史久，具体表现之一为：自"二战"后至 20 世纪 90 年代，每年新成立的体育俱乐部数量呈上升趋势，至 21 世纪初，大量社会体育组织已有三四十年乃至更长的历史。与此同时，新成立的俱乐部也急需相应的场地和设施开展活动，体育基础设施分布不均、新旧不一自然成为柏林体育产业所面临的最大挑战。市政府的支持政策不仅保障了各大主要商业体育俱乐部的主场馆，也满足了大部分小规模民间体育社团组织借用或租用场地及设施的需求，并为未来打造体育国际大都市打下了坚实的基础。此外，由于许多日常体育锻炼（如慢跑、散步或部分有氧运动）均可在居民区的公共场所和街道进行，这一举措也在一定程度上推动了城市基础设施的完善，使柏林成为更宜居的城市。

柏林市政府还强调，休闲、流行和一流的运动应以平衡和需求为基础推进。在规划和建设公共和公共资助的体育设施时，应以人口的需求为基础。即便各个区市所处的地理环境不同，仍应该努力确保各地区的供给均等。同时，也应同等重视学校和课外体育。在体育设施发展计划中，必须特别显示以下内容：位置、类型和大小，供应区域和供应程度的清单，对体育设施的需求以及有关预估投资支出和后续成本的信息，体育设施建设的紧迫性水平，地区体育设施规划的目标，关于私人体育设施存在的一般性说明，体育设施服务覆盖问题或特殊用途。据 2017 年一项调查统计，柏林居民对体育场馆的满意率高达 72.7%，8 成以上的居民可在距离住宅 4 千米内找到所需的场馆和设施，前往体育锻炼的路途耗时平均不超过 20 分钟，可见这一要求在很大程度上解决了体育设施分布不均的问题，为有运动意愿的柏林居民提供了便利。

柏林的体育经济和相关产业的进一步发展可以通过综合的多维体育经济政策得到内部和外部的支持。研究表明，体育产业、体育组织和重大体育赛事是柏林发展的重要经济因素，也与该市的额外税收相关。积极的影响不仅是对经济的，重大体育赛事的实施也与区域发展的重大形象、结构、网络和能力效应有关，这对区域发展至关重要。柏林马拉松就是典型的成功案例之一，该赛事有近 50 年的历史，现为世界六大马拉松赛事之一，已经成为柏林体育产业的一张金名片。2020 年前，柏林马拉松每年都能吸引来自 100 多个国家与地区的超过 4 万名选手参加。马拉松赛道途经许多柏林地标和景点，国际选手及慕名而来的游客大大带动了相关收入，对城市经济发展和国际形象打造均大有裨益。此外，文化和创意产业等行业也从中受益，文体产业联动也给人带来新的合作思路，如许多国际巨星演唱会或大规模音乐节活动均需租用大型体育馆与露天场地。除此之外，体育运动还具有本研究未明确考虑的其他积极影响，如尚未对柏林进行调查的融合效应。

尽管柏林的体育经济具有有利的框架条件，如具备重要的大型活动厅和体育赛事场馆（奥林匹克体育场、维罗德隆体育场、O_2 世界体育馆、马克斯·施梅林体育馆等），但可以预见其发展并不会一帆风顺，因为其他城市也已经认识到体育和体育经济的发展潜力或其对旅游经济的重要性，并正在制订相应的计划。根据 2009 年通过的将柏林打造为体育大都市的使命宣言，相关措施应主要集中在以下几个方面：

一，改善有组织和无组织的体育活动的基础设施条件。

二，举办和推广传统体育赛事。

三，支持参与密集型和体育活动型重大体育赛事的新举措。

四，将主要国家甲级联赛俱乐部作为经济因素来理解，并推动其成为柏林体育的灯塔。

五，扩大现有的与体育有关的贸易展览会，并争取举办更多展览会。

这些举措的根本出发点：一是保证基础设施完善；二是开放对外宣传渠道。其中与第二点相关的具体措施中，被频繁提及的体育赛事无疑是重要一环。体育区别于其他文化产业的最大特点就是其特有的强竞技性，随着传播技术的日新月异，观看各类体育比赛已经成为现代居民日常娱乐生活的重要组成部分，竞技体育强大的感染力往往使观众也能够获得一定的参与感，可以说，一项运作得当、远近闻名的体育赛事，是吸引游客与投资、塑造城市形象的不二法门。此外，这些举措和其他举措要求在内部和外部制定综合的多维体育经济政策，不仅要有体育推广和经济发展的参与，还要有其他政策部门如城市发展规划部门的参与。

除去这些基本保障之外，柏林市体育俱乐部所带来的体育经济推力也不容小觑。柏林国家体育协会（LSB）拥有约 2000 个俱乐部、约 59 万名会员和 1200 个公共体育设施等，其组织进行的体育活动都会直接或间接地带来经济影响。截至 2010 年，柏林有 2900 家体育行业的公司和个体经营户，远高于 2000 年。这些公司和个体经营户中，有 2/3 可归入体育相关服务，还有不到 1/3 可归入体育贸易，体育设备分支占比相对较小。体育经济核心领域的经营者数量增幅为 19%，几乎与柏林整体经济 21% 的增长幅度相吻合。据调查，超过 3/4 的体育产业公司的客户在柏林，只有 20% 的公司客户主要在柏林以外的地区。因此，柏林体育产业目前主要是为当地市场服务，这样的贸易结构有许多优势：第一，有利于降低成本，体育产业的产品及服务直接在当地供给市场，减少运输产生的不必要损耗；第二，有利于形成体育产业功能区与聚集区，供应商与市场同在柏林，意味着贸易链受外界因素影响小，不易因自然条件或政策差异骤然中断；第三，有利于形成地方性供应与反哺的良性循环，柏林市体育领域的兴盛为当地供应商做了免费宣传，两端相辅相成，大力拉动柏林市体育产业经济增长。据统计，体育产业的公司/个体经营者的创收在柏林整体经济中占 1.4%。

柏林的大型俱乐部中，大约有 2/3 的俱乐部得到了财政支持，大部分是由来自不同行业的几家公司提供的，各自的资金和支持金额差异较大。许多体育俱乐部视此为重要的资金捐助，金额从每年 12500—125000 欧元不等。根据对德甲俱乐部的调查，它们在 2011—2012 赛季可从广告版权中获得约 4730 万欧元的收入，其中 3780 万欧元来自柏林公司，占比约 80%；对于其他 140 个左右较小的德甲俱乐部，这一比例甚至更高，为 89%。另外，参与调查的所有微型和中型协会中有 1/3 获得了财政支持。体育产业也为此做出了贡献。根据对公司和个体经营者的电话调查，略低于一半的人通过赞助或捐赠来支持柏林的体育俱乐部。

"六大"德甲[①]俱乐部和传统体育赛事是重要的经济因素。它们产生了约 1.76 亿欧元的直接收入和约 4000 万欧元的额外税收收入。在柏林的体育经济中，146 家国家甲级联赛俱乐部和传统的体育赛事对柏林的经济和对外形象都有特殊的意义。在 2011—2012 赛季，柏林的 146 家国家甲级联赛俱乐部总共售出了约 240 万张门票，其中"六大"德甲俱乐部（Hertha BSC、Eisbären Berlin、ALBA Berlin、1.FC Union、Füchse Berlin、Berlin Recycling Volleys）售出的共占总数的 98%。与其他行业一样，在柏林的体育产业中，极少数顶尖体育组织贡献了绝大多数的经济效益。

来自其他地区的德甲俱乐部的观众带来了约 5510 万欧元的消费，约 5040 万欧元的份额（相当于约 92%）是由"六大"俱乐部占据的。2012 年九大传统体育赛事（Avon Running Berlin Women's Run，BIG 25，BMW Berlin Marathon，DFB Cup Final，ISTAF，Six-Day Race，Skoda Velothon，Vattenfall Berlin Half Marathon and Vattenfall City Night）共售出约 32.8 万张门票，其中约 19.7 万观众来自德国其他地区，产生了约 7340 万欧元的消费。

以大型体育俱乐部及传统体育赛事为代表，柏林体育产业的发展将这座城市打造成了围绕体育这一主题的新型旅游目的地。此类出游可大致分为两种：一种

---

① 此处指各类运动的德国国家甲级联赛，不限于足球项目。

以"观战"为目的，如各大俱乐部售出的顶级联赛门票，吸引各地球迷前来观看运动员在比赛中的精彩表现；另一种以"参与"为目的，最典型的是各类马拉松赛或对群众开放的运动会，这些活动颇具娱乐性，来自外地的游客可通过亲身实践体验柏林作为体育大都市的魅力。两者的本质均为休闲性出游，在直接产生的门票或参与费收入之外，必然在相关旅游行业产生相应的经济效应。总的来说，来自柏林以外的游客在传统体育赛事和柏林德甲球队的主场比赛中的消费，带来了约 1.285 亿欧元的主要经济推动力，加上诱发的收入倍增效应，产生的总效应约为 1.76 亿欧元。

另外，在柏林 LSB 组织下的体育俱乐部和协会为体育经济的发展也提供了重要的经济推动力。柏林 LSB 组织的体育俱乐部和协会约有 3500 名雇员和 7000 多名自由职业者。据估计，这些体育组织的年支出额约为 1.054 亿欧元。其中约 1/4 用于体育设备、体育相关服务、体育设施维护等，主要惠及柏林的体育产业和其他行业的供应商，在某些情况下也惠及体育俱乐部所在的地区。因此，体育俱乐部的支出有利于柏林的体育经济在近几年的积极发展，这些效果能提高到什么程度，取决于体育组织的发展可能性。

在城市经济发展中，体育产业的本质是以健康生活为目的的服务业，此外还因其特有的竞技性为广大居民提供娱乐性消费，尤其在以柏林为代表的西方发达国家大型都市中，体育运动及赛事已经成为人们提高生活质量的必需品；从政府角度来看，体育产业的兴盛为城市提供了大量第二、第三产业工作岗位，无疑是促进经济增长、改善经济结构的重要切入点。纵观过去 10—20 年柏林市的经济发展状况及体育领域在其中的演变，不难看出，推动体育产业与各类文化娱乐产业的配套经营和协同发展，将使城市化进程取得长足的进步。

2. 体育产业对柏林的经济和就业市场的意义

（1）2000—2011 年柏林体育产业的就业及经济发展情况

体育产业的发展无疑有利于当地的就业和经济发展。柏林市的体育产业发展带来的当地经济和就业增长非常明显。相关资料显示，仅在 2000—2010 年，柏林市在体育产业核心领域需要缴纳社会保险费的雇员就增长了约 11%。然而，与 2005 年相比（绝对值为 6393），总体下降了约 3%。随着体育设备数量和体育贸易量的同时增长，这些几乎都由作为体育相关服务一部分的体育设施运营所占。对于就业领域而言，同一时期的增长超过 140%（2000 年两个经济部门的缺失值可以忽略不计）。从绝对数字来看，"体育设施运营"的增长也很可观，明显高于平均值（196%）。因此，在这 10 年间，柏林体育经济核心领域的低薪就业率大幅上升，需要缴纳社会保险费的雇员与微利就业之间的比例因而发生了变化。2000 年，这一比例仍为 1000∶300，而在 2010 年，这一比例下降到 1000∶650。

通过对德国柏林市政府网站数据的整理分析可以看出，在柏林的体育产业中，体育行业的就业人数增加最多。2010 年，在柏林体育产业的核心和扩展领域就业的总人数还不到 13200 人，体育行业需要缴纳社会保险费的雇员比 2000 年多出约 1/4。微就业的增长更为强劲，特别是在就业密集型行业如自行车和体育用品零售业（+139%）。除体育贸易外，健身中心和桑拿（+44%）以及体育设备制造（+128%）这 2 个经济部门在需要缴纳社会保险费的雇员人数方面实现了高于平均水平的增长，但后者的起始水平较低。

根据联邦就业局的就业统计，2011 年柏林整个体育产业（包括核心领域和扩展领域）约有 11400 名员工，其中 7300 名员工需要缴纳社会保险费，4100 名员工属于边缘就业。2010 年，仅核心领域需要缴纳社会保险费的雇员人数就约为 6200 人，其中约 58% 受雇于"体育相关服务"这一经济分支，24% 受雇于"体育贸易"，约 3% 受雇于"体育设备"（见图 1-2）。

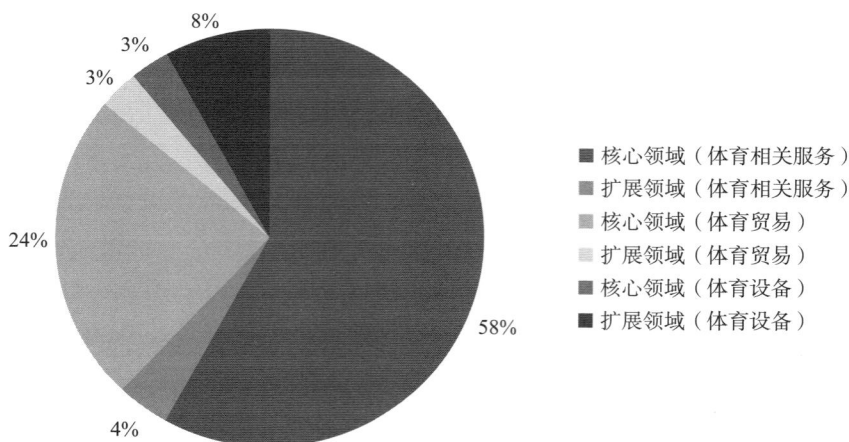

图 1-2 2011 年柏林体育产业（核心领域和扩展领域）各分支需缴纳社会保险费的雇员情况

2010 年，柏林体育经济的核心和扩展领域的销售额约为 6.72 亿欧元。由于很少有公司将总部设在柏林（如健身工作室），因此柏林体育产业的一些活动没有被柏林的增值税统计数据完全记录，估计实际营业额要高出 10%；除此之外，还必须加上大约 1/3 的年营业额低于 17500 欧元的小商贩的估计营业额，共计 1320 万欧元。因此，总营业额约为 7.52 亿欧元。考虑到为柏林量身定做的 1.37 的乘数，柏林体育经济的直接和诱发的营业额效应因此略高于 10 亿欧元。而体育组织每年的开支额度为 1.054 亿欧元。从这些历史数据可以看出，柏林市注重大众体育和体育产业的发展，不但有效推动了当地的经济发展，同时带来了良好的就业前景。柏林市这 10 年来的发展经验显示，一个城市大力发展体育产业，并且以体育带动经济、带动就业的模式行之有效。

（2）影响柏林体育经济发展的因素

体育产业的发展取决于各种因素。当被问及这些因素对其公司的重要性时，柏林体育产业的个体经营者和公司首先提到的是社会和体育相关因素，其次是体育政策因素。

首先，社会因素被视为"重要"或"非常重要"，主要是柏林购买力的发展。根据柏林市政府所做的一项对体育经济领域从业者的调查，有 3/4 的受访者提到这一点，表示他们观察到，随着居民购买力的提升，在解决了基本的温饱和教育医疗问题之后，人们会更加愿意把精力和财力投入自身的健康之中。在体育、运动、健身等领域投入更多的开销，一方面解决了人们对自身健康的忧虑；另一方面，随着民间体育团体和俱乐部的发展，居民体育的开销还肩负着社交功能。此外，2/3 的人还认为人口的年龄结构、体育的吸引力和媒体影响对其公司发展"非常重要"或"重要"。根据这些公司的说法，2 个与体育有关的影响因素"形象"和"费用"在各自的体育项目中发挥了相当重要的作用。

其次，对于大约一半的自营职业者和柏林体育产业的公司来说，当前的体育和休闲趋势以及柏林体育设施的数量和质量是"重要"或"非常重要"的因素。应该注意的是，在绝大多数情况下，这不是指普遍的体育趋势或体育设施，而是非常具体的，如体育或特定行业（如 E-bike）。尊巴舞、交叉训练、自行车 /BMX、健康 / 康复运动和彩弹射击等领域都呈现上升趋势，已成为重要的发展趋势。相比之下，有 2/3 以上的受访者认为，体育政策因素如学校体育的优先性和参议院的体育经费，对其公司的发展影响较小。与体育相关的 3 个因素，德甲俱乐部的数量和重要性、柏林的主要体育赛事和柏林作为体育大都市的形象的评分也同样低。

（3）柏林体育产业发展前景

柏林体育产业的发展前景是广阔的。在接受调查的柏林体育产业公司和自营职业者中，不到一半的人预计未来 3 年的营业额会增加，而 1/3 的人认为目前的营业额不会有大的变化。这些积极的发展预期也反映在相应的就业前景上。因此，25%的受访企业和自营职业者打算雇用更多的全职雇员，23% 的雇用兼职雇员，32% 的雇用边缘就业人员。相比之下，只有少数人预计就业率会下降。俱乐部和体育协会的就业预期平衡同样是积极的。

根据对有关数据的研判，柏林体育产业的发展前景非常乐观。2010—2011 年，柏林的公司和自营职业者持续增加。根据结构性数据和与汉堡和慕尼黑的比较，都表明了这种趋势。据此，柏林拥有最多的体育产业公司和自营职业者，但在其他 2 个购买力明显高于柏林的大都市，它们的数量和实现的营业额相对于居民人数来说明显更大。因此可以认为，如果柏林的经济日益繁荣，该市的体育产业仍有进一步发展的潜力。接受调查的公司也赞同这一观点，其中 3/4 表示，柏林购买力的发展是体育产业发展的一个决定性影响因素。

在接下来的章节中，本书将从自行车骑行运动、马拉松运动、游泳运动、民间体育俱乐部和青少年体育 5 个方面具体分析柏林市公共体育领域的发展状况，以期为杭州市下一步公共体育和大众体育发展提供相关的可借鉴经验。

第 二 章

柏林自行车骑行运动的发展

一、柏林自行车骑行运动的基本情况

对于在德国旅行的人来说，自行车是便利交通工具的不二之选。骑着自行车走街串巷，能领略到很多其他交通方式不能到达的景致。在柏林，自行车是汽车和公共交通工具的首选替代工具，骑行是一种时尚的老少皆宜的体育运动。所以租赁自行车成为柏林市旅游和大众休闲运动中不可或缺的项目之一。

1. 自行车租赁

在柏林城中分布着许多自行车租借点为车友服务，大多数都位于中区（如弗里德里希街火车站），克罗伊茨贝格区（Kreuzberg），弗里德里希斯海因区（Friedrichshain）内或动物园、火车站附近（见图 2-1）。每日租金 8—39 欧元不等，价格取决于车的类型，骑行对大部分市民和旅游者来说是十分实惠的旅行交通方式选择。尤其值得注意的是，柏林市的租赁自行车质量均较高，所使用的材料使骑行过程非常顺畅，车辆维修及时，极少出现损坏或者骑行困难等问题，这也为居民和游客选择租赁公共自行车创造了良好的条件。

图 2-1　柏林街头的自行车租借点

在自行车租赁业务中，德国铁路公司通过其自行车租赁服务"Call-a-Bike"为骑行爱好者骑行提供了方便：在柏林主要路口、长途火车站和城际铁路车站等处设立了旅客自行车租借点，租金 24 小时 15 欧元起，自行车可以在本城其他租借点交还。基于自行车骑行游览的特点，柏林市还提供了自行车导游服务，如果游客希望由一名向导来带领骑行并为其详细讲解柏林的历史，也可以在当地寻找导游来陪同游览。柏林也有专门提供自行车游览的机构，如 Berlin on Bike、Fat Tire Bike Tours 等。导游可以有主题地骑自行车游览柏林，其细致讲解既能一下拉近游客与这陌生城市的距离，也能让游客对柏林的历史更加印象深刻。此类游览可以在各柏林游客中心 Berlin Tourist Info 咨询详情。这样一种友好的自行车环游城市的方式集旅游、娱乐、运动、环保于一体，目前已经成为柏林市的一张金名片，不仅是初到柏林的游客，许多柏林市民也会选择租赁自行车进行市内或者近郊游览。

2. 关于住宿

柏林市对自行车骑行运动的友好可以说体现在市政建设和管理的方方面面。除了有大量的自行车可以通行的道路之外，柏林市还为自行车的存放和携带提供了各种各样的便利。其中比较有特色的是，很多酒店有专门为自行车骑行客人所推出的服务，这些"自行车友好酒店"为骑车的客人做好了充足的准备，提供了免费安全存放自行车的地方、晾干衣服和装备的房间，以及简单修理和保养自行车的工具，还为没有自带自行车的客人提供自行车租赁服务。旅馆的工作人员会很乐意提供关于骑车游的私人建议，帮助客人探索柏林城区和周边。柏林市旅游会议局的官方网页还会有专栏详细介绍这些"自行车友好酒店"的相关情况和具体的地理位置，对于有需要的骑行者来说帮助很大，网页里的链接可以直达酒店的预订页面，并且填写需要的自行车数量和特殊需求。柏林市旅游会议局同时也会为这些开设有自行车服务的酒店提供相应的政策支持，在降低酒店运营成本的同时也降低了住宿成本，以期鼓励人们更多地选择用自行车这种既能强身健体又绿色环保的方式出行。

3. 关于路线

除了柏林市政府的各种政策支持和市政建设方面的努力外，柏林市的自然资源也让其发展自行车骑行运动占尽了天时地利。柏林周围的湖泊和森林资源十分丰富，会让身在其中的人迅速遗忘这是一个现代化的大都市。优秀的城市规划让整个城市充满了绿意。而这良好的自然环境也为骑行探索柏林提供了最好的软性条件。由此，柏林也选出了官方公认的 11 条最美骑行路线。

柏林市政府为骑行探索主要景点和骑行城市提供丰富的网络资源支持。例如其开发的自行车路线搜索引擎 http://www.bbbike.de 就是一个全方位为自行车骑行者提供服务的网站。网站中包含了柏林 90% 的街道以及波茨坦 550 多个街道的信息；或者游客可以选择下载其配套的 App "Komoot"，也可以轻松获得路线和各种相关资讯。可以说，柏林市政府为骑行者所开辟的网络数字化信息渠道非常丰富，极大地方便了自行车骑行爱好者的出行规划，减少了出行中可能遇到的困难。

同时，在柏林市政府支持下规划的自行车骑行路线充分考虑了路线的可游玩程度和活动的丰富程度，骑行者不仅能够享有顺畅的道路骑行体验，也可以获得最为丰富的游览体验。例如，在最受欢迎的路线排行榜中，排名第三的达勒姆路线是2018 年 6 月开通的，游客可以通过这条路线探访柏林的西南部。达勒姆植物园包含全球植物地理物种展及约 1500 种植物的系统性植被范例，游客可以在其中的 15座观赏温室中了解各种各样的植物。这 18 千米长的旅途中还有很多值得游览的地方，如达勒姆村和盟军博物馆等。同时，游客也可以带上泳衣，在路过的施拉特湖（Schlachtensee）和克鲁姆湖（Krumme Lanke）尽情戏水，以缓解旅途的炎热与疲惫。排名第四的是施普雷河骑行路线。从波茨坦广场出发，可以经过勃兰登堡门、国会大厦、联邦总理府、贝尔维尤城堡和其他景点；其中，兰德韦尔运河的骑行路线特别美丽。排名第十的是特雷普托·科佩尼克路线。这段行程将会带游客去到柏林的东南部。沿着施普雷河岸，再经过梅格尔塞，穿过运河从新威尼斯到埃尔克纳，游客将会游览科佩尼克的老城区、特雷普托公园和阿肯霍尔德天文台等景点。

这样的路线规划将整个柏林市的自然资源和人文资源完美结合，使自行车骑行不仅仅具有娱乐健身的功能，而且给人传递文化、历史、知识的深层收获感。因此所有路线中最受欢迎的自行车路线还是"骑车寻访柏林墙"。柏林墙的建立和倒塌是柏林乃至世界近代史上的重要一章。骑自行车寻访柏林墙的遗迹，会让人无意地在运动中亲密接触这段历史，同时也可享受沿途丰富多变的景色，是一趟十分理想的人文与自然的结合之旅。沿原来 160 千米长的柏林墙设计的专门自行车道骑行，全程都可看到清晰的标志，在多处地点还有地图和多语种的文字介绍。这 160 千米的环形骑行线路被分成了 14 个部分，每个部分的长度从 7 千米到 21 千米不一。[①]每段线路的起点和终点都与公共交通相连，所以游客可以根据游览当天的天气和自己的身体情况对所规划的路线进行适当调整（见图 2-2）。

---

① https://www.visitberlin.de/de/sport-berlin.

图 2-2　柏林墙遗址纪念公园

其中穿越柏林市的一条环形路线的规划十分完美。其起点是东区画廊。在弗里德里希斯海因区施普雷河岸边的艺术走廊（Kunstmeile）是柏林墙最长的连接部分，长度为 1316 米。继续沿着磨坊街（Muehlenstraße）前行，到达施塔奥瓦广场（Stralauer Platz），在这里可以看到残存的遗迹。然后越过希林桥（Schillingbruecke），穿过海因里希·海涅大街（Heinrich-Heine-Straße）前边境过境点，来到前边境口查理检查站；在这里，骑行者可以看到彼得·费希特尔（第一个翻越柏林墙被射杀的东德人）的纪念地。对于附近的柏林墙博物馆，一般建议花 2 小时来游览。在接下来的行程里，骑行者将会来到位于柏林尼德尔克尔新纳大街的恐怖地形图（Topographie des Terrors）博物馆。这里曾经是纳粹德国时期盖世太保（国家秘密警察）、党卫军和帝国安保部总部，1945 年遭到盟军的猛烈轰炸被夷为平地后，这个遗址上建立了恐怖地形图博物馆。然后沿着斯特雷塞曼大街（Stresemannstraße）来到波茨坦广场方向的柏林墙遗迹（Geschichtsmeile Berliner Mauer）。在这里乘坐城铁 S1、S2、S25 仅 7 分钟就可到达伯恩瑙大街（Bernauer Straße），这里的柏林墙纪念地至今保留了隔离带和边防塔楼，从游客中心可以俯瞰全景，了解到当时的逃亡历程。另外，还有柏林墙纪念碑及文献中心等可供游客细细参观。当然，如果骑行者有更多的时间，那就在过了伯恩瑙大街后，骑上自行车，再沿着 150 千米的城墙前进。这里大部分的沥青路仍然保留着，因此非常适合骑自行车。这条线路的规划非常科学合理，既考虑到了自行车骑行过程中对道路的需求，又避免了和城市繁忙拥挤的通勤交通相互打扰和影响，同时这条线路基本覆盖了柏林市最重要的几个历史景点，每一个景点都设有免费临时停放自行车的地方，使骑行者不需要有诸如何处停车、停车收费贵等后顾之忧。可以说，这样一种规划方式使此游览线路更适合用自行车骑行的方式进行，而如果使用私家车或者大巴车则会变得更加复杂，游览也不够充分。这就激励了更多人从一开始就选择用自行车的方式进行游览，提升了绿色出行环保的人数比例，也解决了时常困扰世界各大景点的"停车位一位难求"的困境。除此之外，骑行爱好者还可以根据自己的兴趣来选择其他不同的骑行路线。不论是去非常值得一去的勃兰登堡门、亚历山大广场、柏林大教堂、夏洛滕堡宫等著名景点，还是到城市绿肺蒂尔加滕散散心，或者寻找街头美食，游客都可以找到适合自己的骑行路线。游客可以在游览不同的景点时，领略到一个多彩的、包容的、有着深厚历史底蕴的柏林。

从上面的介绍中可以看到，用自行车骑行的方式探访整个柏林市已经是一项非常成熟的休闲体育运动项目，无论是从其骑行配套的相关道路和信息支持，还是从整个骑行线路的规划都可以看出，柏林市政府正在努力将柏林打造成一个自行车"绿色出行"友好型城市。无论是对于当地选择用自行车出行、休闲的民众，还是到访柏林市的旅游者来说，自行车出行都有着更高的性价比和灵活度，完全可以取代传统的汽车、公交车、大巴等休闲出行方式。这也是经过柏林市政府多年摸索之后得出的将运动、休闲、环保和出行有机完美结合的优秀案例，其前瞻性值得我国许多旅游城市学习与借鉴。

二、柏林自行车骑行运动的历史背景

德国人对自行车的偏爱有着漫长的历史基础。1817年，德国人德·莱斯设计的带车把的木制两轮自行车在法国巴黎问世。这种自行车虽然仍旧用脚蹬才能前行，但是已经可以一边前行一边改变方向了。这款自行车一上市便受到了热烈欢迎，人们很快就将它骑上了巴黎的大街小巷。此后，随着科技的发展，自行车的技术、性能不断得到提高，使用范围也越来越广。如今，自行车已成为人们生活中不可或缺的一种交通工具。

在自行车短暂而快速的发展历程中，荷兰和丹麦的自行车文化尤其悠久而厚重。然而，德国的自行车工业在冷战时期并没有得到很好的发展。直至冷战结束后，德国的自行车工业才逐渐复苏。制造工业的积累、设计美学的传承与新的市场需求就此发生碰撞——自 20 世纪末开始，德国诞生了一系列新型自行车的制造商，并且在实力雄厚的中国台湾与美国自行车巨头的夹缝中闯出了自己的一条路，活跃在世界顶级自行车比赛中。[①] 也就在那段时间，德国首都柏林因为人行道路系统被选为全欧洲最适合骑自行车的城市。

与此同时，自行车也逐渐成了德国人生活中首选的交通工具之一。根据德国联邦交通部公布的数据，目前德国约 80% 的家庭拥有至少 1 辆自行车，30% 的家庭拥有 3 辆乃至更多辆自行车，德国总计拥有各类自行车 7800 万辆（德国总人口为 8000 多万）。[②] 如今，柏林已是全球自行车友好城市前十榜单中的一员，也被称为欧洲古典自行车与车架艺术家之都。

图 2-3 为德国市政建设中专门为自行车骑行者开辟的塑胶骑行道路，既考虑到了安全性，又可以供自行车骑行者高速骑行。

图 2-3 塑胶骑行道路

独立的行车道是每个德国城市的标配。例如，柏林良好的自行车道路网对人们自行车出行的吸引力正日益增强。柏林以长达 1030 千米的自行车道著称，并且随着网络的日益发达，骑行者可以提前在网上进行路线规划为骑行导航。即使在没有专门自行车道的路段，交通管理部门也会在路面设有明确的标志。据报道，柏林自

---

① 田园：《德国骑行文化——绿色出行理念和工匠精神的结合》，《光明日报》2019 年 6 月 6 日，第 14 版。

② crystal_li2010：《自行车出行 国外越来越流行》，https://wenku.baidu.com/view/58b0cb321fb91a37f111f18583d049649a660e00.html，2021-09-10。

行车交通所占的比例在过去几年不断提高，每天有约 50 万人骑着自行车穿梭于柏林，所占比例已达到 15%。相比之下，目前我国北京、上海等一线城市的居民骑自行车出行比例不足 2%。

与我国现状相比，自行车在德国交通系统中具有更高的灵活性。在公共交通中，除 ICE（Intercity Express，城际高速列车）外，几乎所有火车都支持携带自行车出行。在靠近列车司机的一节车厢玻璃窗上会画有自行车的标志，这种车厢大概空出 1/3 的地方不设座位，专供摆放自行车。到了站，人们就可以直接推着自行车出站，不用沿途存车，因此下雨天往往有许多乘客会骑自行车去赶城铁。只需额外购买自行车附加票，人们就可以畅通无阻地在城市中穿梭，实现骑行和公共交通两种出行方式的无缝衔接。在不忙碌的时间段，人们甚至可以通过和公交车司机协商，在不影响公交正常运营的情况下，带着自行车换乘公交。因此，对于身处德国的自行车骑行者来说，出行方式就变得非常灵活，身体和天气允许的情况下就可以骑行，而一旦天气不允许或者感到疲惫，又可以随时选择携带着自行车换成各种公共交通工具，而并非必须要把自行车存放在某一个地方。这样便利的转乘条件十分吸引老年人选择自行车出行，在德国有许多年纪稍大的老年人会选择首先携带自行车乘坐公共交通工具到达市郊，然后再在平坦宽阔的乡村道路上开始骑行活动。同时，由于自行车同样可以被带上火车，因此很多德国年轻人甚至会选择骑自行车进行跨城旅游，例如从柏林开始骑行若干天到达德累斯顿，再从德累斯顿携带自行车乘坐火车返程。这样一种多维度的公共交通交融方式使人们不再觉得自行车是一个负担，而是变成了一个可以随身携带的行李。这种交通方式大大提升了人们选择自行车出行的意愿。

此外，德国还计划建设"自行车高速公路"，以鼓励人们将自行车作为更常用的交通工具。2017 年，柏林市政府环境部、交通部和气候保护部对 30 个可能的自行车道进行了调研，其中 12 条为自行车高速公路，一些线路充分利用了"二战"后的铁路线和城市基础设施的多余地区，未来将会成为连接柏林城区和郊区之间的关键运输通道，为周边上班族的日常通勤提供了很大的便利，同时也为城市提供了更多的绿色空间。这些自行车高速公路为双向专用车道，宽大约 5 米。建成后，人们可以以每小时 25 千米的速度行驶，最高时速为 50 千米。骑行者在十字路口和红绿灯的等待时间也控制在每千米停车时间不超过 30 秒，以防止道路拥堵。

三、自行车骑行运动对柏林发展的影响

有这样一种说法：当一座城市能够有随处可见的便捷安全的自行车设施时，就表明这是一个高度文明的城市，在这里生活的人们比较注重身体健康，城市的路面安全也能够保证。所以，一座城市的发展程度和这座城市的自行车普及度及自行车友好度息息相关。

例如公认的自行车王国荷兰。早在1890年，荷兰就认定自行车为正式公共交通方式，并致力于在所有城市中建设自行车道。如今荷兰全国超过99.1%的人拥有属于自己的自行车。悠久的自行车历史也造就了荷兰独特的自行车文化。虽然其他公共交通系统发展同样很完善，但是每个人，上至王室贵族，下到普通学步小儿，都热爱用自行车出行。另外，荷兰很多单位会提供购车补助金给员工，所以买一辆全新的自行车不会花很多钱。补助这种对环境友好的交通方式，不仅是对国家环境的提升，也是对国民健康与素质的提升。

再来看看自行车普及度越来越高的德国。近年来，德国政府将骑行作为其现代化的、可持续的交通政策的发展重点。2017年，德国首都柏林为了提高自行车出行率，计划建设12条自行车高速公路，争取创造一个更具包容性和无风险的交通环境，其最终目标是到2025年将道路上的自行车数量增加到240万辆。另外，自行车除了在人们的日常生活中扮演着非常重要的角色，比如上下班通勤，周末郊游，减少环境污染、保护我们生存的环境，还有一个不可不提的作用就是可提倡全民健身运动。柏林市为了鼓励市民健身，加强身体锻炼，除了成立各种自行车协会外，还开辟了郊外自行车旅游项目，为市民和游客休闲、健身提供方便。

现在我们将目光转向杭州。2018年4月27日，杭州市第十三届人民代表大会常务委员会第十一次会议表决通过了《杭州市城市国际化促进条例》。条例明确提出，要将杭州建设成具有全球影响力的"互联网+"创新创业中心、国际会议目的地城市、国际重要的旅游休闲中心、东方文化国际交流重要城市。这次会议上还决定，将每年的9月5日设立为杭州的永久性节日——"杭州国际日"。这就意味着，杭州正式开始向国际化都市全面转型。为了加快杭州人居的国际化，也为了能更好地服务杭州亚运会，目前杭州的城市轨道交通正在爆发性发展，预计在亚运会前将建成10条地铁线、2条城际线，里程约446千米，覆盖9个城区。而放眼世界

上的其他国际大都市，无不都是公共交通建设发达、居民绿色出行比例高，这也是衡量一个城市国际化水平的重要标志。所以，为了加快杭州的国际化进程，完善自行车交通系统是一个不错的切入点，既能提高城市绿色出行的比例，节能减排，后期也能利用西湖等风景名胜区来制定合适的骑行路线（参考柏林墙骑行路线），吸引更多的游客来到杭州，用特殊的方式了解杭州文化，提高城市知名度、国际化水平，又能提升居民的环保意识和健康意识，从而在一定程度上提高城市居民的综合素质。

四、柏林自行车骑行运动对杭州的借鉴意义

体育运动是城市生活中不可或缺的一个重要组成部分。首先，当代城市快节奏的生活方式导致人与人之间的关系逐渐疏远。因此，为了寻找一种能够更直接表达自我的方式，城市居民对体育运动的需求在不断增长，人们想要在忙碌的生活中得到娱乐、游戏和身体运动的空间与方式。这也就要求城市及时树立含有城市自身特色的体育精神，并不断完善城市体育设施建设，适当组织市民参加形式多样的体育活动。综观全球，无论是老牌工业强国还是新兴发达国家，无论是竞技体育、商业体育还是大众运动，越是城市建设发达的地方，其体育运动发展得越好。健康的城市生活需要足够的体育因子来渗透和传播。其次，开展丰富多彩的体育活动，不仅能满足城市人民精神文化生活的需要，也能在更深的层面帮助城市打造独特的体育品牌，吸引更多的国际性赛事在此举行，从而推动城市的国际化进程。例如，我们所研究的德国就是非常重视体育运动发展的国家。德国很早就开始了全国性的体育基础设施建设计划，联邦政府的城市建设和发展部门还会发布官方的研究报告，专门探讨"体育设施与城市发展"的问题。

德国还是个典型的体育大众化国家，有着大量的民间体育协会。截至2015年，仅在德国奥林匹克体育联合会登记的就有9万余个协会，注册会员达到了2700万余人，体育协会的会员占到了总人口的34%；此外，没有注册，但经常参加运动的人有1200万余人，约占总人口的15%。

回顾德国的大众体育发展历程，最早提出重视体育大众化的观念是在18世纪末。那时候涌现的一群哲学家和教育家认为，体育跟智力一样重要，都是维持个体和国家独立的基本保障。这样的体育观奠定了德国大众体育的理论基础。

接着，在 1871 年统一之后，德国马上迎来了第一次工业革命和城市化。由于繁重的体力劳动和大量燃煤产生的环境污染，德国国民的身体体质开始逐渐恶化。为了改善这种不利状况，德意志帝国政府立即颁布了相关法令，以行政命令建设大众体育场所，大力鼓励大众参加户外体育活动。1896 年，一个名为"候鸟"（Wandernvogel）的旅游组织在柏林成立，在其带动下，一股遍及全德的回归自然的徒步旅行风勃然兴起，迅速发展为全民参与的一项运动。这些法规及措施无疑对推动德国大众体育的发展起到了不可低估的作用，尤其更为此后遍布德国城乡的体育俱乐部的成立打下了坚实的基础。[①]

"二战"结束后，德国分成东德、西德 2 个国家。因为政治体制的不同，2 个国家的体育发展理念与道路也出现了显著的差异。其中，西德的城市体育发展更具有代表性。西德不仅在经济上取得了辉煌成就，城市化也实现了跨越式发展。到 20 世纪 60 年代初，西德的城市化率就已经超过了 70%。与此同时，西德"二战"后的体育政策逐渐从竞技体育发展为"全民体育"和"家庭体育"，以让民众重视休闲和身心健康。为此，1960—1990 年，西德陆续实施了 3 次"黄金计划"，其主要内容是在国内大量兴建体育场馆，以此促进全民健身活动的开展，提高城市体育水平。

从 1960 年西德实施第一个"黄金计划"以来，西德的体育基础设施就得到了显著的完善。就以全民健身中心的数目来说，截至 1990 年，西德已经拥有 65132 家健身中心，差不多是 1960 年的 2 倍。因此在德国统一后，主要推行的还是原来西德实行的体育发展方针，并进一步将体育推向大众化。

如今，德国体育发展呈现出两种特征：一是市民自治；二是社区化。总体上，德国采用高度自治的社团体制来管理体育事业。德国的体育团体组织是由各级体育联合会组成的，它们在国家体育政策的制定和实施以及体育资源的配置上起主导作用，而其管理工作基本上都是由当地社区居民通过志愿者工作的形式完成的。这些体育组织不仅拥有绝对独立的财政权，还可以免费使用城镇公用的体育基础设施。联邦政府和州政府除了通过体育彩票给予体育团体组织一定的财政补助和其他咨询服务（如城市休闲设施的建设与维护）以外，基本上不干预其内部事务，充分保证其自治地位。德国体育自治组织框架如图 2-4 所示。

---

① 何金廖、张修枫、陈剑峰：《体育与城市：德国城市绿色空间与大众体育综合发展策略》，《国际城市规划》2017 年第 5 期，第 44—48 页。

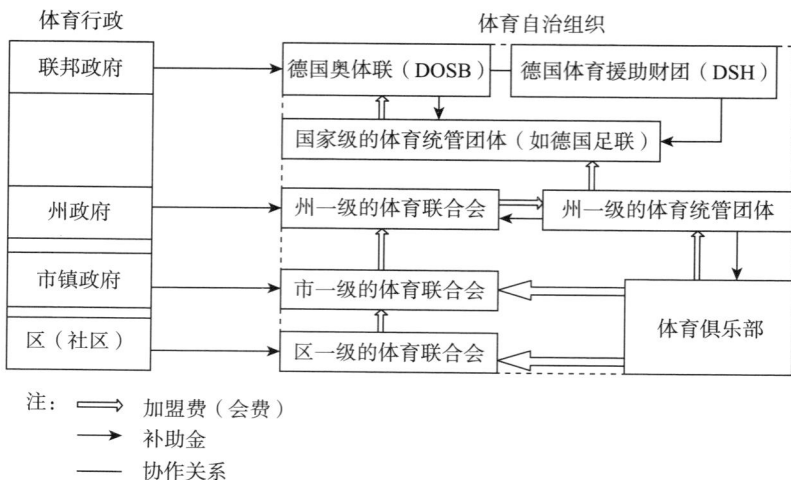

图 2-4 德国体育自治组织框架

德国体育发展的另一个特征是社区化。在德国，各个城市都有大量的社区体育联合会，主要负责社区体育基础设施的建设和管理。根据德国宪法，州政府有责任承担城市社区的体育基础设施建设。

2019 年，我国国务院办公厅印发了《体育强国建设纲要》，部署推动体育强国建设，提出到 2020 年，建立与全面建成小康社会相适应的体育发展新机制，体育产业在实现高质量发展上取得新进展；到 2035 年，体育产业更大更活更优，成为国民经济支柱性产业。可见，我国近年来也在积极推动全民运动。长期以来，我国一直更加注重竞技体育，而非全民体育，导致多年来体育产业整体发展水平薄弱，国民运动意识普遍较弱。因此，提高全民体育意识，普及群众性体育，增强国民体质和提高国民健康水平刻不容缓。在 20 世纪 50 年代后期，自行车、收音机、缝纫机及手表是中国的"四大件"。这些都是当时国家有能力出产，并且各个家庭所希望拥有的 4 件家庭物品。在 20 世纪 80 年代，中国甚至被世界称为"自行车王国"，因为自行车是当时普及率最高的代步工具，奔涌的自行车洪流是中国城市一道亮丽的风景线。之后，随着改革开放的进行，人民生活水平逐渐提高，"四大件"所代表的物品逐渐发生变化，自行车也慢慢淡出了人们的视野，出现了摩托车、小汽车。在如今的 21 世纪，"四大件"也变为了汽车、手机、电脑和房子。截至 2019 年，根据相关统计的数据，我国的汽车保有量已经超过了 3 亿辆。由于人口数量庞大，民众行车素质总体不高，因此上下班道路拥堵几乎是每个城市每天都会面临的难题。

　　幸运的是，我国自行车的使用情况在近十几年也悄然发生了变化。2008 年起，公共自行车在全国各地陆续施行，有桩自行车成为公众代步的一种便捷方式。2016 年前后，被戏称为中国"新四大发明之一"的共享单车也诞生了（见图 2-5）。无桩的单车使用户停取更加便捷，因此迅速赢得了广大用户的一致认可。在城市的大街小巷，20 世纪 80 年代的骑行风似乎又刮了回来，自行车再次回到了人们的视野里并开始再度普。共享单车不仅在一定程度上解决了城市的交通拥堵难题，也提供了更加实惠、便捷、环保、健康的出行方式，解决了交通"最后一公里"的出行问题，甚至扶持了一些濒临倒闭的自行车厂和智能锁上下游的发展，并带动了部分物流公司的业务发展。

图 2-5　共享单车

　　截至 2019 年 3 月，我国每天共享单车的使用量达到 1000 万人次以上。2016 年，全行业累计注册用户 1886.4 万人，2019 年增至 2.59 亿人。在共享单车大力推广之前，人们的主要出行方式为公交＋地铁和私家车，其中，公交＋地铁出行占比 31.2%，私家车出行占比 29.8%，而自行车出行占比仅为 5.5%。共享单车经过短短几年时间的推广，显著地改善了居民的出行习惯。公交＋地铁、私家车出行比例分别下降 0.5% 与 3.2%，自行车出行上涨 6.15%。由此可见，自行车出行可以大大增加节能减排效益，是值得大力倡导的交通出行方式。①

　　2016 年，中国在巴黎签署《巴黎协定》，约定国内二氧化碳排放在 2030 年左右达到峰值并争取尽早达峰、单位国内生产总值二氧化碳排放比 2005 年下降 60% 至

---

① 智研咨询：《2018 年共享单车用户规模增长至 2.35 亿人，有效改善居民出行结构》，https://www.chyxx.com/industry/201911/801307.html，2021-09-10。

65% 等自主行动目标。这些宏观政策看似遥远，但减少碳排放是很现实与紧迫的问题，每个人都无法置身事外。而如今我国经济还属于粗放型经济，若想完成《巴黎协定》的碳排放要求，则需要在今后的十几年里尽快完成产业升级。但是在正常的严打偷排和治理雾霾的行动中，大量企业关停，进而导致大量的从业人员下岗，影响到成千上万的家庭。所以在治理污染的进程中，为了社会稳定，我国环保进程十分缓慢。

而公共自行车和共享单车的大量出现，让大多数年轻人开始重新喜欢上了骑自行车出行。这种出行方式潜移默化地增强了人们的环保意识，在一定程度上减少了人们对汽车的依赖，也在社会中悄然掀起了一股环保出行风。骑自行车能有效减少城市交通二氧化碳排放，这是一个明显的社会共识，也有众多数据为证。2017 年 4 月 6 日，由 ofo 小黄车联合交通运输部科学研究院根据 ofo 出行数据发布了《2017 年第一季度中国主要城市骑行报告》。该报告中的统计数据表明，2017 年第一季度全国 20 个主要城市 ofo 累计骑行距离近 6 亿千米，节省了 4150 万升汽油，减少了 130956 吨的二氧化碳排放。2017 年 4 月 12 日，摩拜和北京清华同衡规划设计研究院也共同发布了《2017 年共享单车与城市发展白皮书》。该白皮书显示，全国摩拜用户累计骑行总距离超过 25 亿多千米，减少碳排放量 54 万吨，节约 4.6 亿升汽油。[①] 2017 年 5 月 22 日，交通运输部等十部门发布《关于鼓励和规范互联网租赁自行车发展的指导意见（征求意见稿）》，明确表示鼓励和规范互联网租赁自行车（俗称"共享单车"）发展，提升互联网租赁自行车服务水平，优化交通出行结构，构建绿色、低碳的出行体系，更好地满足人民群众出行需要。某种程度上，公共自行车和共享单车的出现，大大加快了我国低碳减排的进程，也强化了居民的环保出行意识。另外，调研数据显示，共享单车用户的男女比例接近；同时，80 后和 90 后是共享单车的主要使用人群。在 2019 年第一季度共享单车用户年龄分布上，35 岁以下年轻用户比例达到 77.4%。[②] 而这个年龄段的居民也正是城市建设的中坚力量。

然而，目前杭州市的交通状况仍然不容乐观。首先，随着城市的建设与经济

---

① SARAOE；《共享单车对中国环保有何意义》，https://huanbao.bjx.com.cn/news/20170704/834733.shtml，2021-09-10。

② 比达网：《2019Q1 共享单车报告：35 岁以下用户占 8 成，用户规模回升》，http://www.bigdata-research.cn/content/201905/948.html，2021-09-10。

的增长，杭州市社会机动车辆保有量接近 300 万辆，且每年还有约 30 万人在考驾照，但是交通的基础设施远远赶不上车辆增长的节奏，导致早晚高峰期的车辆拥堵情况非常严重，几乎涉及了所有的主干道；其次，人口方面，截至 2021 年末，杭州市常住人口为 1220.4 万人，且人口规模还在不断扩大，也加重了杭州城市交通的负担；再次，杭州交通的配套设施不全，城市公交接驳和慢行系统欠缺，交通管理水平也有待提高；最后，人们的绿色出行理念不强，私家车出行依然为主要出行方式。交通拥堵的顽疾严重制约了杭州的城市管理、环境提升以及国际化城市的建设进程。为了改善交通现状，杭州可以借鉴世界先进城市的做法，即大力发展公共交通和慢行系统，鼓励人们绿色出行、健康出行。同时，绿色交通的蓬勃发展也是衡量一个城市国际化水平的重要标志。

　　其中，自行车交通体系建设是一个重要的项目。一方面，要加强自行车出行在工作出行需求方面的规划和建设，提高其日常通勤的使用比例；另一方面，完善居民区至文化和娱乐场所的骑行道路设施，既能满足当地居民在休息之余的精神需求、推动全民骑行运动，又可以充分利用好旅游城市的优势，因地制宜地制定一些风景名胜的骑行路线，将"自行车上游杭州"作为一个旅游亮点和创新点来吸引一些对其感兴趣的游客，甚至可能推动城市未来的旅游业发展（见图 2-6）。

图 2-6　让自行车回归城市

第 三 章

柏林国际化
马拉松运动的发展

一、柏林马拉松运动的基本情况

1. 发展历程

第一届柏林马拉松始于 1974 年 10 月 13 日，由面包师兼城市跑步爱好者霍斯特·米尔德（Horst Milde）创立，于主办方夏洛滕堡俱乐部名下的体育场边的一条小马路上举行。第一届比赛共有 244 名选手参加，包括 234 名男性和 10 名女性。这条向西通往格吕内瓦尔德森林的路线一直沿用到 1980 年。之后，马拉松比赛时间就固定在每年 9 月的最后一个周末。

1981 年 9 月 27 日，柏林马拉松首次进入西柏林市区：起点在德国国会大厦前，终点位于选帝侯大街（Kurfürstendamm）。这届比赛吸引了来自 30 个国家的 3486 名参赛选手，创下了德国史上马拉松赛事规模的纪录。从 1981 年开始，每年参加柏林马拉松的人数不断增长，1985 年报名人数首次过万，达到了 11814 人。

由于政治原因，柏林马拉松前期一直在柏林西部区域进行。直到 1990 年 9 月 30 日的第 17 届柏林马拉松，也是在东西德统一的前 3 天，参赛者终于可以通过勃兰登堡门，穿越东西柏林全市，饱含着热泪见证历史。这一天，也是柏林马拉松确立自己世界最快马拉松地位的日子。澳大利亚选手斯蒂夫·莫内盖蒂（Steve Moneghetti）跑出了当年的世界最快成绩——2 小时 8 分 16 秒；东德女选手乌塔·皮皮格（Uta Pippig）也第一次在家门口赢得冠军。

经过 40 余年的发展，柏林马拉松已经成为世界六大马拉松之一，也被称为"世界上最快的马拉松"。赛事规模达到 4 万人，其中，外国参赛选手比例高至 60%，每年都有来自 100 多个国家和地区的选手参赛。

2. 路线及地形气候条件

今日，柏林马拉松的起点和终点都在勃兰登堡门附近，选手起跑后将经过夏洛滕堡宫、舍恩贝格市政厅、德国国会大厦、凯旋柱等地标建筑，包括前东柏林严肃整齐的大厦，以及西柏林现代的、充满商业色彩的楼宇，基本涵盖了经典的旅游景点。比赛日当天，除了历史人文景观以外，一路上还将有大大小小近百个乐队为选手加油，超过 100 万热情的柏林市民也会来到赛道两边为选手加油助威。虽然号称世界最快赛道，但柏林马拉松全程关门时间是 6 小时 15 分，业余选手也可以没有太大压力地完成比赛。

柏林马拉松之所以被称为"世界上最快的马拉松",是因为:其一,柏林马拉松的比赛时间为 9 月底,此时柏林气候适宜,12—16℃ 的气温不冷不热,且干爽舒适,利于选手发挥;其二,柏林马拉松赛道平直,起伏不大,且少有弯道和急转弯,难度系数不高;其三,马拉松组委会对周边的设置进行改善,服务到位,选手可以在沿途获得足够的食物补给,也可以在赛后获得专业的按摩放松服务。这样的天时地利为跑一场令人身心愉悦的马拉松提供了优越的条件。所以柏林成了众多精英马拉松选手超越自我、打破纪录的理想之地。

3. 参赛人数

柏林马拉松接受来自全世界的专业运动员、业余选手、轮椅选手和轮滑选手的报名,曾创造过 7 个男子和 3 个女子马拉松世界纪录。

从 2006 年开始,柏林马拉松的参加人数被限制在 4 万人左右。因为柏林马拉松组委会认为,从起点到终点之间的距离只能站得下这么多人。而且人多后冲线,很难寻找领跑者,合影背景也都将是人海。同时,柏林赛道并非全是宽敞的 4 车道,有些地段比较窄,组委会担心这些狭窄的路段拥挤的话,会影响选手的正常发挥。因此,这 4 万名参赛选手被分成 3 次发枪,以确保最大限度地畅通奔跑。

4. 报名形式

2013 年之前,柏林马拉松参赛名额采取"先到先得"的报名形式;2013 年开始,组委会决定采用抽签方式来确定参赛选手:先开放 2 周时间用来报名,然后再统一抽签。抽签没有成绩门槛,面向所有跑者开放。在马拉松界,能够跑一次柏林全马几乎是每一个跑步者的梦想。

在柏林马拉松每年参赛的 4 万人中,有 8000 个名额属于合作旅行社,3000 个名额给有特殊贡献的人或者跑过 10 次以上柏林马拉松的人,1000 个名额留给赞助商,剩下约 2.8 万人由抽签来决定。柏林市每一次的马拉松比赛不仅仅能推动体育产业和商业的发展,大量涌入的参赛者和旅游者也会带来丰厚的旅游、娱乐、休闲方面的收入。

5. 暖场项目

在柏林马拉松正式开始的前 3 天,柏林还会连续举行各种好玩的活动,包括儿童跑、轮滑赛、早餐跑、马拉松博览会以及各种派对,整座城市都在为周日的马拉松暖场。柏林市将马拉松比赛当作一次全城参与的盛会来组织和举办,几乎所有的市民都会以自己的方式参与其中。

（1）早餐马

柏林马拉松正式开跑前一天（周六）的上午，官方会举办一个距离约 6 千米的早餐马，跑完之后人们可以享用免费餐点。除了柏林马拉松参赛者外，也会有许多路人加入变装狂欢，现场氛围十分热闹。

（2）儿童迷你马

赛期的周六下午是固定的儿童跑项目，"跑二代"都会带着灿烂笑容勇敢向前奔跑。德国的体育发展始终把"培养下一代人的体育热情"放在首位。这一观点体现在很多柏林市的大型体育活动里，几乎每一场体育比赛都会有专门的儿童观看区，或者专门的环节让孩子也能加入其中。儿童迷你马拉松作为柏林市马拉松一个独具特色的传统项目就是基于这种考量。孩子会聚集起来，身穿主办方准备的比赛号码牌，一同携手奔向终点。虽然儿童迷你马拉松全程只有 5 千米，而且家长可以陪同参加跑步，但是其热烈程度一点都不逊色于正式的马拉松比赛，每一名参赛小选手都会竭尽全力。柏林市政府组织儿童跑的初衷就是，让全民参与体育之中，就必须从小培养下一代的孩子对体育的热爱，并且强调对体育的热爱不应该仅仅停留在观看和观赏的层面，最重要的是参与其中，让自己也动起来。基于这种理念，每年的儿童迷你马拉松都会受到来自德国甚至欧洲境内各地的小朋友和其家长的追捧，有很多马拉松正式赛参赛者的孩子会在父母比赛前参加一场属于自己的马拉松赛跑。

（3）直排轮大赛

每年的柏林马拉松都会在比赛前一天举办由数千人参加的直排轮赛事，对于直排轮爱好者而言，堪称世界年度盛会。直排轮自身作为一个体育项目，其规模和广泛程度并未能独立构成一个大赛，但是柏林市利用场地和人员的便利条件，很好地将直排轮项目做成了为马拉松活动暖场的先行活动，既节省了单独为轮滑项目开辟场地和多余投入的费用，又丰富了整个马拉松赛程的活动丰富程度，可以说是一举多得。与柏林马拉松相互绑定的直排轮项目历来也一直受到直排轮滑爱好者的高度青睐，每年都会有数千名参赛者专程从全世界各地赶来参赛。同时这个项目因为激烈程度更甚于马拉松，所以也深受柏林市民的喜爱，每次比赛都会吸引大量的观众前来围观，成为马拉松赛正式开始之前最好的暖场活动。

（4）柏林马拉松博览会

柏林马拉松博览会在滕伯尔霍夫机场举行，拥有超过 200 家参展商，提供关于跑步装备、健身产品、跑步比赛、运动医学、训练康复等多方面与跑步相关的产品信息与资讯，是世界上最大的马拉松展会之一。每年会有大约 85000 名观众前往参观，观众穿过上百家赞助商、装备生产商的展台，一次次被琳琅满目的打折商品所诱惑。马拉松比赛往往会吸引大量的体育爱好者前来参赛和观赛，因此对于体育行业的商家来说也是一次不可多得的机会，可以在密集的客户面前展现自己的商品，借助马拉松比赛这个平台大肆宣传自己的产品。柏林市政府非常巧妙地把握住马拉松比赛这个机会，专门开辟场地对接商家和顾客，让各个参展的赞助商和体育用品、体育产业相关企业展示自己的最新产品。在展会上，最具特色的就是各种体育健身器材产品的亮相，健身器材作为满足消费者体育锻炼的"抓手"，室外公共健身、商用健身、家用健身场景所呈现的需求有所不同，而通过展会这一形式能够了解大众健身器材市场的未来发展趋势，同时也提供了体育商家之间相互交流借鉴的机会。这一举措让马拉松盛会和商业展会完美融合，极大地丰富了柏林马拉松的活动内容。

（5）马拉松的音乐盛会

马拉松比赛作为一次体育盛会，文化层面的活动也不可或缺。柏林市始终将马拉松比赛当作宣传自己的重要窗口，同时那几天也成为全体市民休闲娱乐的重大节日。因此柏林市马拉松组委会和市政府非常注重将各种娱乐文化活动融入整个比赛进程之中。在跑道沿途，每 500 米，80 个乐队的其中一个就会驻扎路边为选手演奏，为观赛群众提供了最好的享受。这场动员了 1000 名以上音乐人的马拉松，氛围激昂，有摇滚乐队、唱诗班、一人独唱、纯鼓队等，不断地提升着参赛选手和观赛群众的荷尔蒙和内啡肽。除此之外，柏林市还会允许部分餐饮类商家进驻赛事，为选手和观众提供优质饮料、特色小吃等丰富的饮食品类，不仅仅将马拉松活动看成一次体育盛会，更是一次文化活动。这种全方位、立体化、多层次、多参与角度的方式，让柏林马拉松每年都成功吸引来大批的运动员和游客，更成了柏林市一张国际知名的金名片。

二、柏林马拉松对社会发展的影响

体育赛事本身是一种文化，而体育赛事与城市文化是相互作用与发展的。一方面，体育赛事促进城市经济文化的发展；另一方面，城市文化特色形成了城市特色体育赛事。由此看来，柏林就很好地结合了城市文化特色和马拉松文化，形成了独一无二的特色文化，可以说是体育和产业、商业、宣传、文化完美结合的一个优秀案例。

1. 对城市经济的影响

体育领域是一个国家综合国力的重要体现，而体育经济绝对会给城市经济带来大量的正能量。柏林马拉松通过电视直播、新闻及其他媒体报道形式进行宣传，影响遍及全球，也为这座城市带来直接利益与间接利益。柏林马拉松赛提高了柏林及其旅游景点的知名度，也能衍生相关的生活、观光及产业活动，从而进一步带动相关的饮食、旅游、住宿、交通、文化等各行业的发展，为城市经济带来长足效益。

同时，柏林马拉松赛事能够带动当地及其周围地区体育服务产业的升级与整体发展，健身体育、休闲体育、体育保险、体育经济、体育会展等全面发展。由联邦经济和技术部委托美因茨大学进行的一项研究得出结论：16 岁以上的人口中有 1/4 的人偶尔会跑步。据调查，这些跑者平均每人每年在运动上的花费为 180 欧元，包括鞋子、服装、报名费、参加比赛的差旅费。这样推算下来，德国每年用于跑步的费用就超过 32 亿欧元，还有 776 亿欧元用于整个体育事业。

对市镇财政来说，柏林马拉松也为其带来了很可观的经济效益。柏林马拉松赛为联邦和州政府带来约 1000 万欧元的额外税收。同时，柏林马拉松赛的费用也是可以控制的。德国经济学家沃尔夫冈－梅尼希曾经计算过，在柏林马拉松赛上，部署警力的额外费用约为 47 万欧元。

柏林马拉松由夏洛滕堡运动俱乐部（SCC）组织，其马拉松赛事的预算从每名参赛者 60 欧元起的报名费到赞助商的捐款资助，应达到 400 万—500 万欧元。从 2011 年起，宝马汽车集团成为柏林马拉松的冠名赞助商。

柏林马拉松赛事使酒店经营者、餐馆老板、整个城市、装瓶商、图书出版商都受益，当然还有跑鞋和服装制造商，甚至还有中等规模的公司。例如，来自科隆附近贝吉施格拉德巴赫的 Mika Timing，他们每年需要提供 200 场体育赛事中安装在跑鞋内用来测量时间的芯片。据测算，作为德国最大的跑步赛事，仅柏林马拉松就创造了 6000 多万欧元的收入。所以可以看到，柏林马拉松这张金名片吸引来的不仅仅是体育相关的专业运动员和爱好者，更是吸引国际知名商业品牌前来的契机，在为当地带来知名度、提升整个城市国际形象的同时，也带来了投资和商业机遇。

以体育促经济发展的道路并非只是一种构想，而是切实地为柏林市带来了文化、经济、生活方面的活力。

2. 对城市发展的影响

柏林马拉松整合了柏林的各类文化资源，逐渐形成了体育赛事的文化品牌，带动和促进了办赛城市群体赛事、群众体育文化活动的开展，增强了民众的健康水平，提高了城市的文明素质，增进了社会和谐，逐步改变着民众过去的生活方式和生活习惯，极大地拉动了体育产业和文化产业的发展，形成了城市文化核心竞争力。

城市文化核心竞争力的发展，不仅为柏林的竞争力提供精神动力和智力支持，也因带动经济增长、改善城市环境、增强城市服务功能、提升城市形象而成为城市综合竞争力的重要组成部分。通过举办马拉松这种大型体育赛事，柏林将自身的文化底蕴和历史文化遗产呈现在世人面前，通过媒介宣传、游客耳濡目染，将自身的独特文化迅速向外传播，从而走向世界。在如今这个互联网年代，柏林市利用柏林马拉松赛事的图片、视频进行大量网络报道，甚至进行图片新闻的网络直播报道，每年都会吸引大量的点击量。媒体在报道体育赛事的同时往往还会展现柏林市的良好城市风貌，如众多的名胜古迹、丰富的森林资源、居民安居乐业的生活环境等。同时，马拉松这一体育运动的特殊性决定了其整个体育赛事将会被长时间的跟踪拍摄，这就更有利于柏林市利用电视和网络直播这一媒体全方位地展示整个城市的风貌，来自全球的众多转播观众在观赏体育赛事的同时，也跟随镜头一起领略了柏林市的美丽风光，其产生的积极效果甚至堪比城市风光宣传片。

3. 提高全民健身水平

柏林马拉松赛事对柏林居民的深刻影响是带动和鼓励其加入跑步、健身、体育运动的行列，让柏林因跑步而充满活力，也使马拉松与更多人的生活产生紧密的联系。在柏林马拉松赛事的影响下，越来越多的人群投入跑步这项运动，为国家大众健身带来深远的积极影响。这种影响尤其体现在儿童的身上。据统计，生活在承办大型全民体育赛事的城市中的青少年对体育会比其他城市具有更高的热情，并且更愿意参加体育活动，尤其会对本城市知名的体育运动产生较高的好感。在体育文化学上这也显现为某一个城市或国家往往会就一个项目集中产生很多高水平的运动员和运动教练。这样一种现象与一个城市对体育文化的宣传有着密不可分的关系。柏林市的成人和儿童确实显示出比其他城市的居民对马拉松的更高热情，对该项目的关注度和参与水平都更高。许多老年人表示，自己即便无法参加全程的马拉松比赛，也很愿意尝试半马和迷你马，并且在日常生活中也会为这一想法更加频繁地参与锻炼。历史经验表明，公共体育氛围浓厚会明显受到城市对体育赛事承办的影响，尤其是像马拉松这种门槛低、影响大、全民参与度高的体育运动，更是一个城市提升居民体育和健身意识不可多得的大好机会。

4. 对旅游行业的影响

柏林马拉松比赛目前已经成为柏林市吸引国内外的体育爱好者和游客的重要赛事。整个比赛过程由于上述提到的多方位、多层次的众多活动，甚至可以堪比一个盛大的文化节以及国际展会。在柏林马拉松每年约4万名参与者中，只有5000人左右来自柏林－勃兰登堡地区。大多数来自外国的参赛者会与家人一起在酒店过夜。因此，柏林的酒店会因这新增的10多万人的住宿，在整个比赛期间增加不少收入，同时也会惠及餐饮业。据统计，柏林的博物馆、收费景点，甚至戏剧院的营业收入都会受到影响而在此期间相应增加收入。因此可以看到，将一场体育比赛办好不仅仅是影响体育领域的事件，还会为整个城市的旅游业、服务业、文化产业都带来繁荣和景气，同时也是一个城市走上国际化大舞台必须拥有的卖点。

除此之外，柏林马拉松还有积极的形象效应：约有一半的外地参赛者和游客会在进入德国境内之后首先游览其余城市，将马拉松比赛作为自己旅游的最后一站，以比赛为契机开展一次德国城市游。相关报道显示，在先游览过慕尼黑的情况下，游客会对柏林这座城市产生更好的印象。正是马拉松赛事井然有序的组织、热情的志愿者和表演团队，以及柏林市民在观看大型赛事中展现出来的友好好客的精神让游客产生了这样的积极印象。因此，柏林马拉松如今已经成为柏林市体育产业发展中不可多得的一个跨界亮点活动。

三、杭州马拉松运动的发展状况

1. 发展历程

杭州马拉松的前身是西湖桂花国际马拉松赛和国际友好西湖马拉松赛，始于1987年，是中国历史第二悠久的马拉松赛事，也是中国最重要的马拉松赛事之一。1987年10月11日，为庆祝浙江省和日本静冈县缔结友好省县关系5周年，浙江省体育部门和日本静冈县日中友好协会联合发起举办首届"中日西湖桂花马拉松赛"。

首次比赛，有 640 名跑者参加。1999 年，西湖桂花国际马拉松赛和国际友好西湖马拉松赛合二为一，并更名为"浙江省暨杭州国际马拉松赛"。直到 2015 年，才更名为"杭州马拉松"，是中国田协和国际马拉松及路跑协会（AIMS）备案的国际级马拉松赛事。

目前，杭州马拉松包括马拉松（42.195 千米）、半程马拉松（21.0975 千米）、小马拉松（8.8 千米）、情侣跑（5.3 千米）和家庭跑（1.2 千米）5 种赛程。杭马赛道拥有"世界最美赛道"的美誉，核心赛道一直围绕着世界文化遗产西湖而设。

全程马拉松从黄龙路出发，沿着曙光路一直向前，经过蒋经国旧居、秋水山庄等历史建筑，另一边则途经曲院风荷、苏堤春晓、断桥残雪、花港观鱼、双峰插云，加上湖中风景的三潭印月和情侣跑经过的平湖秋月等，杭马将跑过"西湖十景"中的八景。其中，包括传统、现代、未来、回归四大主题，既向大众展示了杭州最精华的名胜古迹，也向世界骄傲地展示着现代杭州的繁华。经过 30 余年的发展，杭州马拉松逐渐变成了饱含杭州特色精神文化的体育赛事。

2. 群众参与热情及知名度提升

1987 年的第一届中日西湖桂花马拉松赛有 640 名选手参加。随着杭马规模越来越大和知名度越来越高后，报名参赛的人数越来越多。2011 年的杭马由 37 个国家和地区的 23000 名运动员和马拉松爱好者参加，创下了历届之最。同时，2011 年杭州马拉松线路也首次抵达钱江新城，马拉松和半程马拉松的比赛线路从风景秀美的西湖延伸到了壮阔的钱塘江边。

2018 年，杭州马拉松报名人数突破 10 万人，2019 年又上新台阶，人数足足增加了 3 万多。参赛选手也增加了 1000 人，到了 36000 人，来自 58 个国家和地区。其中，全马名额较上一年有所提高，由 15000 人提高到了 17000 人。目前杭州市马拉松正在日益扩大自己的影响力，随着杭州市国际化进程逐渐稳步推进，杭马正在变成国内乃至国际上重要的马拉松比赛之一。

3. 对城市发展的影响

根据近年杭州市的发展来看，杭州马拉松赛事以其活跃参与性、高度整合性、多元展示性、广泛传播性、公平竞争性的特征，对杭州市民精神文化建设、城市旅游业发展、城市文化传播、城市管理水平产生了积极的影响。

加强杭州市民文化建设，是杭州市走向国际化道路的重要建设之一。杭州马拉松赛事数年来的顺利举行，也离不开杭州市民的积极参与和大力支持。在马拉松赛事筹办的过程中，赛事组织者需要及时与市民沟通，并大力鼓励其积极参与赛事，这就能提升市民对本城市的自豪感及主人翁意识，同时也潜移默化地宣传了健身意识；在马拉松比赛举办期间，通过大量的城市管理人员在赛道上的有序管理和市民的广泛参与，市民遵守、维护社会秩序的意识、能力也会有所增强，因此就可以更好地去维护杭州市的国际形象；由于杭州马拉松的参赛者来自不同的国家与地区，市民在参与马拉松赛事期间，就有机会与来自四面八方的人们进行交流，这就可以提升杭州市民对多元文化的包容性和理解力。因此，成功的马拉松赛事会对当地市民的精神文化产生极大的积极影响，促使市民逐渐养成健身的好习惯，也能更加积极主动地参与到城市国际化的建设进程当中。

城市旅游业的发展也对城市的国际化有着巨大的贡献。杭州马拉松的宣传口号是：跑过风景跑过你。事实也确实如此，杭州马拉松赛道不仅以西湖景区为核心途经多个旅游景点和历史建筑，还包含着代表杭州现代化的钱江新城，集西湖美景、历史建筑、现代建筑于一体，成了"世界最美赛道"。自 2014 年起，央视每年都会对杭州马拉松进行全程直播，直播的镜头也几乎囊括了杭州的风景名胜和现代建筑，淋漓尽致地向亿万观众展现了杭州的旅游文化资源，提高了人们来杭州旅游的兴趣，对杭州旅游文化起到了极大的宣传作用。不光央视，目前，和杭州马拉松赛事合作的媒体多达数百家。这些媒体在转播马拉松赛事的同时，也会对杭州的一些历史和现代建筑进行一定的介绍，加快与加大了杭州马拉松赛事的传播速度与范围。前来参加比赛的选手或来杭的游客会在赛事举行期间游览杭州，再加上媒体的广泛宣传，都能带动杭州的旅游文化消费。同时，在杭州马拉松赛事举行期间，杭州市政府会对本市尤其是赛道两边的一些基础设施进行整顿或改善，相关的旅游部门和管理部门也会因此提高自身的服务水平，使游客在杭获得良好的游玩体验。因此，当地旅游业的硬实力与软实力都会有比较大的提升。

不仅如此，杭州马拉松赛事的赛道设计、奖牌设计及数百家媒体的广泛宣传都会将杭州独特的历史文化传播到世界的各个角落。以西湖景区为核心的赛道和以西湖十景为元素的奖牌，赋予了杭州马拉松赛事更多的内涵，拉近了跑者、游客与这些历史文化遗迹的距离，加深了人们对杭州人文文化的理解，更是促进了不同文化间的交流和融合。这对提高杭州人文文化的知名度和影响力有着极大的作用。

另外，一场大型城市体育赛事的成功举办，离不开赛事组织者和城市各个相关部门的协调合作。在筹办马拉松赛事的过程中，组织者需要与交通部门、医疗部门、安保部门、赞助商、志愿者、媒体等近百个相关部门进行沟通与协商，并做出最终的协调方案。在这个极其复杂的协商过程中，面对较为复杂的社会环境，城市管理人员会逐渐打破固有的管理思维，借助一次次大型赛事的成功举办和其中所暴露的管理制度的缺陷，积累宝贵的管理经验，提高各部门间的协商合作能力，慢慢摸索出一套适合所在城市的管理理念和方案。未来，人们对马拉松更多的需求，使其经济价值更加不可估量。

四、柏林马拉松运动对杭州马拉松运动的借鉴意义

对比柏林马拉松和杭州马拉松的发展，我们可以发现，两者之间存在许多相似之处。首先，在气候方面，柏林马拉松在9月的最后一个周末举行，气温为12—16℃；杭州马拉松在11月的第一个周日举行，气温为10—15℃。在2场赛事举行时，两地都为干爽舒适的气候，且两地赛道大都平直，起伏较小，很少有急转弯，这都为上万名跑者提供了优越的比赛条件。

其次，柏马和杭马赛道都围绕着本城市的著名历史建筑和风景名胜进行，跑者、观众、志愿者、媒体等在比赛过程中都可以领略所在城市的历史文化精神，媒体的大量转播可以将2座城市的美景与人文精神传播得更广，从而提高城市的知名度，获得更多的旅游资源。

另外，在柏林马拉松进行的前3天，赛事组委会设有儿童跑、轮滑赛、早餐跑、马拉松博览会和各种派对为马拉松热场。这不仅可以调动当地居民的参与积极性，增加外来游客的数量，又呼吁了更多不同年龄段的人参与到大型体育赛事中来，与全民健身的计划呼应。而杭州马拉松则设有马拉松、半程马拉松、小马拉松、情侣跑和家庭跑5种赛程，也同样囊括了不同类型的参赛人群，增加了马拉松赛事的包容性和多元性，也鼓励了全民都参与到运动健身当中。

杭州马拉松赛事已成功举办了几十年，虽然为杭州市的发展产生了较为积极的影响，但是其仍存在着一些不足之处。例如，首先，报道显示，杭州马拉松赛事的志愿者大多是高校学生，且大多未经过正规系统的培训，缺乏较好的志愿服务态度，在被一些跑者问路的时候，其也不能给予正确的回答。其次，一些医疗站点的志愿者并不具备专业的医疗知识，在跑者遇到突发情况时不能进行较为迅速且准确的处理。在一场大型体育赛事中，志愿服务也反映着一个城市的精神面貌。所以，

这些不如意的志愿服务会在一定程度上削减参赛人员及游客对杭州的良好印象。因此在软件服务上，杭马依然有着很大的提升空间，如何能够让参赛者和观赛者都拥有更好的体验，是杭马亟待解决的问题之一。可以说志愿者是一个大型国际性赛事中重要的环节，志愿者体现了一个城市的精神面貌，优秀的志愿服务和志愿能力能使外来人员增加对所在城市的好感，从而在一定程度上提升城市的知名度。杭马赛事组委会可以提前一段时间对志愿者进行专业的分批实践培训，使不同岗位的志愿者熟悉比赛路线，明确自己的职责及需要注意的事项，确保营造一股温馨的志愿氛围，促进杭州城市文化的进一步传播。

同时，由于杭州市本身交通和人口的特点，杭州马拉松赛事的举办也对当地居民的日常生活产生了一定的消极影响。由于杭马赛道经过了杭州市的主要交通路线，且在每年11月的第一个周日举行，因此，大量外来人员的涌入会打破当地居民原有的生活秩序，造成暂时性的交通拥堵或环境干扰。这样则会让当地居民对杭马产生一定程度的抵制情绪，也很难顺利进行杭州的市民精神文化建设。如何更好地规划比赛路线，让比赛路线既能满足参赛者的需求，同时又能兼顾城市文化形象的宣传，如要在赛程中展现西湖和钱塘江等著名的景点，还要保障交通的顺畅进行，也是需要继续探索的方面。赛事组委会需要提前做好赛道周围居民的心理建设，鼓励其积极参与马拉松赛事，并建议市民在比赛日当天减少不必要的外出活动。提前做好心理建设，就更容易得到市民对赛事的支持，他们也能充分理解并接受比赛日当天形成的外出不便，这样就更有利于市民的精神文化建设。

另外，杭马还存在硬件设施提供不够完善的问题。首先，在全程马拉松赛道中，每隔1千米，包括一些重要的折返点和重要的岔路口都没有建立高效畅通的信息流，这就造成了跑者在跑错路线或者方向后，无法及时回到正确的赛道上去[1]；其次，杭马也缺乏专业通信设备，导致外场与内场的通信联系不流畅，赛事指挥中心就无法开展快速、专业的指挥和控制，容易造成暂时性的阶段秩序混乱；最后，在一些复杂的岔路口、单向道的双向跑进路段和各个项目的折返点，没有给跑者提供明确的赛事信息，表述不清楚，还存在着指示牌大面积充斥着赞助商的问题，从而导致跑者无从得知正确的赛道，造成跑错、多跑的结果。

此外，杭马作为一个赛事目前还没有形成像柏林马拉松那样的全方位、立体式

---

① 吴艳:《杭州国际马拉松竞赛管理存在的问题及对策研究》,《广州体育学院学报》2017年第2期，第39—42页。

的文化活动，虽然也有一些表演和活动，但是对于配套活动的支持和宣传力度仍然不够。下一步可以考虑邀请更加知名的明星为杭马代言，或者同步开展音乐节、购物节、展会节、小吃节等活动，让杭马成为推动旅游业的一个契机，而不仅仅局限于一个体育赛事。同时赛事的宣传应该继续加大力度，让杭州市民更加热情地参与到低门槛的全民健身中来，围绕杭马展开更多的幼儿园跑、小学跑、街道跑、公益跑等形式丰富的跑步运动，提升全民对马拉松这项运动的认知程度和热爱程度，在为杭马预热的同时提升全民的健身热情和健康意识。

最后，赛事组委会也需要重视赛事配套硬件的完善程度。优化场内外的网络通信设备，确保在赛道的重要路口立有标记清晰的赛事信息，且有专业的工作人员，能够及时处理跑者遇到的各种问题。这样就可以营造高效、专业的比赛氛围，让跑者对杭马留下良好的印象。这些都将是提高杭州马拉松赛事知名度的核心条件。只有提高了管理水平，才能让杭州市借杭马活动之力，在国际化的道路上大踏步前进。

第 四 章
柏林游泳运动的发展

一、柏林泳池建设现状及规划

游泳项目是柏林市民喜闻乐见的一种公共体育运动形式，经过多年的发展和摸索，柏林市的大众体育游泳运动确实相对完善，成为其城市特色之一。2015年，柏林参议院颁布了《柏林2025泳池建设规划》（*Das Berliner Bäderkonzept 2025*）。为了让所有柏林居民都能享受游泳设施，柏林市政府根据不同人群的不同需求将游泳馆的类型进行了细分，其中包括休闲体验泳池（Freizeitbaden/Erlebnisbaden）、健身竞技类泳池（Fitness/Sportbäder）、保健泳池（Bewegung/Gesundheitbäder）以及学校、俱乐部泳池（Schul-、Vereins-und Sportbäder）。重新规划过程中的第一步，是将选定泳池发展成为星级泳池（Sternebädern），提供面向用户的特别优惠。第二步为新建多功能泳池（Multifunktionsbäder），以满足群众需求。

柏林游泳馆大体上呈现出数量多、分布范围广、场馆类型丰富、设施多样以及设计富有人性化的特点。柏林目前拥有60个游泳馆，分布于12个区。其中夏洛滕堡区、特雷普托区和米特区拥有最多的游泳馆，分别有9个、8个和7个，克罗伊茨贝格区数量最少，仅有2个。在这60个游泳馆中大多为室内泳池（Hallenbad），一共有31个，有4个游泳馆既有室内泳池，又有室外场地。并且在这35所场馆中，有16所提供桑拿服务。柏林有13个纯户外泳池（Freibad），其中有1个也提供桑拿服务。除了这些场馆外，柏林还拥有10个海滨浴场（Strandbad）。

在泳池设施建设方面，场馆里除了有25米和50米泳道外，大多（42个）还设有非游泳区，如儿童戏水池、跳水池、水上游乐区等。这些区中配有跳板、滑水道等相应设施。海滨浴场中，除了"标配"的沙滩和沙滩椅外，有7个还配有草坪，并且有3个设有裸体沙滩区域。此外，近4成的场馆设计还考虑到了残疾人，它们有残疾人专用的卫生间、更衣室、浴室和轮椅专用停放区域。为使残疾人更加便利，有些场馆还提供水上轮椅和水上升降机。

1. 泳池分布情况

柏林12个区游泳场地数量如下：米特区7处，施潘道区3处，特雷普托－克佩尼克区 8 处，弗里德里希斯海因－克罗伊茨贝格区 2 处，施特格利茨－策伦多夫区 6 处，马灿－海勒斯多夫区 3 处，潘科区 6 处，藤珀尔霍夫－舍内贝格区 8 处，利希滕贝格区 5 处，夏洛滕堡－威默尔斯多夫区 9 处，新克尔恩区 3 处，赖尼肯多夫区 3 处。[1]

柏林地区游泳场馆类型及设施情况如下：25 米泳池 23 处，50 米泳池 23 处，波浪形泳池 1 处，旋涡池 3 处，儿童戏水池 21 处，浅水池 42 处，水滑梯 16 处，室外池 24 处，沙滩 10 处，海滩篷椅 3 处，天体沙滩 4 处，游戏区 24 处，儿童水上滑梯 3 处，跳水池 14 处，跳水板 23 处，水疗池 2 处，非游泳用池 1 处，特定池 3 处，沙滩排球场 1 处，多功能泳池 2 处，冲刺池 1 处，乒乓球台 1 张，沙滩铺设 1 处，沐浴岛 1 处。[2]

柏林地区游泳馆残疾人设施情况如下：残疾人停车位 16 处，残疾人更衣室 22 处，残疾人厕所 23 处，残疾人淋浴室 24 处，残疾人专用泳池 2 处，泳池中扶手 1 处，水上电梯 15 处，轮椅升降机 16 处，坡道代替楼梯 4 处，为视障人士设置的触摸带 6 处。[3]

由以上统计数据可以看出，柏林市整个公共泳池的分布非常合理，几乎覆盖每一个区，且与居民的密度分布基本呈现正相关。也就是说，居民越密集的区域泳池的数量也越多，密度相当高，以保障居民都能够不费力气地在居住地的附近享受到公共泳池的服务。同时我们也可以看出，柏林市的泳池建设中体现出很高的人文关怀的特点。在众多泳池中，柏林市游泳场馆非常注重"浅水池"的建设，全市有 42 处之多。这主要是考虑到了儿童的需求，浅水池从十几厘米到 1 米不等，适合几个月到几岁的学前儿童进行游泳活动。这种设置对家庭非常友好，如果泳池仅仅有可供成年人使用的部分，那么会导致很多儿童无人照管的家庭没有办法参加游泳活动。然而柏林市众多的"综合类泳池"，即标准池和浅水池相结合的方式，给需要带孩子出行的家庭带来了极大的便利——成年人在进行游泳运动的同时可以轮流照顾儿童在浅水池进行嬉戏。

另外一个重要的具有人文关怀特点的是，柏林市的泳池建设中专门考虑到了残疾人的游泳需求，全市设有残疾人专用设施的泳池非常多。这一点与国内的现状非

---

① https://www.berlinerbaeder.de/.
② https://www.berlinerbaeder.de/.
③ https://www.berlinerbaeder.de/.

常不同，国内目前趋向于将残疾人专用的泳池开设在特殊学校或者特殊场馆里，而普通的场馆和泳池则对残疾人不那么友好。这样一种泳池设置的问题就在于，残疾人往往需要长途跋涉才能找到一个能满足自己需求的泳池，这会给很多残疾人带来更大不便。而柏林市的政策则是趋向于将残疾人和健全人的体育活动相互交融在一起，在普通的泳池中加入相应的辅助措施，实行融合式体育。同时，部分辅助残疾人进行游泳运动的器材也能够更好地为一些高龄老年人服务。这样既增加了残疾人参与运动的方便程度和积极性，同时也为老龄化社会中有运动需求的老年人提供更加优质的服务做好了准备。由此可以看到，柏林市的泳池无论是从分布密度还是场馆的建设理念上看都非常先进。

2. 泳池收费情况

柏林市游泳池根据使用时间、场馆类型和使用者等不同，设置了不同的套餐和价格标准。各类泳池拥有一个较为统一的收费标准，即主收费标准（Haupttarif），这种标准之下的票价分为单次票、10人团体票和20人团体票，价格为5.5欧元、55欧元和110欧元。该套餐满足多人同行和团队的需求，同时为满足带小孩的家庭的需求，还设置了"欢乐畅游"（Badespaß）套餐。泳池设有时间限制从场馆开门至上午10：00的早晨套餐（"Guten-Morgen" tarif）和从晚上8：00起才能使用泳池的夜晚套餐（Abendtarif），以满足不同使用时间居民的需求，并且这些特殊时段套餐收费比标准套餐要低，均为3.5欧元。针对有规律地使用游泳馆的居民，泳池还设有"Bäder Card"套餐，该卡适用于柏林所有的游泳池，有效期为12个月，售价为495欧元。柏林市游泳馆大部分套餐设优惠价，优惠力度从5折到8折不等。享受优惠价格的人群除了儿童和在校学生（有年龄限制）外，还覆盖了残疾人、接受社会援助和领取各类补助金者。

柏林市团体票的定价主要考虑到方便柏林市众多的幼儿园、学校和休闲俱乐部。这样的设置让团体参加游泳活动更加廉价，所以类似于学校和俱乐部就更愿意组织其成员参加游泳活动。另外一个比较有特色的亮点就是，柏林市泳池的票价根据不同的时段会有不同的票价设定，其中上午10：00前和晚上8：00后起售的廉价票主要是为了分流游泳人群，引导游泳者分散时间进入泳池，同时也对在这两个时段较为有时间锻炼的老年人较为友好。另外，针对不同的年龄群体，柏林市的游泳票定价也有细致的划分，而不是一个价钱通用到底。儿童、学生、残疾人、社会弱势群体因为对价格更加敏感，所以有专门为他们设置的游泳票，降低他们参加游泳活动的门槛。不得不说，这种"价格分层"的细致管理方式体现了柏林市在大众体育管理方面的人文精神，让人人都有权利、有可能参加公共体育活动的精神得以体现和贯彻。

游泳场所具体收费情况如表 4-1 至表 4-7 所示。①

表 4-1　标准室内游泳池（Standard Hallenbäder）收费情况

名称		使用限制	原价 /欧元	优惠价 /欧元
套餐（有时间限制）	"Guten-Morgen" 套餐		周一至周五（节假日除外）从场馆开门起至上午 10：00	3.5	—
	基础套餐（Basistarif）		周一至周五（节假日除外）10：00—15：00，购买时间截至 14：30。超时应按普通套餐价格补差价	3.5	2.0
	普通套餐（Haupttarif）	单次票	周一至周五从 14：30 起，节假日或周末从场馆开始营业时间起	5.5	3.5
		"10+1" 团队票		55.0	35.0
		"20+3" 团队票		110.0	70.0
	夜晚套餐（Abendtarif）		周一至周五（节假日除外）20：00 起	3.5	—
套餐（无时间限制）	Badespaß 套餐		可 3 人同行，其中必须有 1 名成年人和 1 名儿童。每增加 1 名 5 岁以上儿童（最多 2 名）另收 1.25 欧元	9.0	—

表 4-2　休闲型室内游泳池（Freizeitorientierte Hallenbäder）收费情况

名称	使用限制	原价 /欧元	优惠价 /欧元
套餐（有时间限制）　单人 90 分钟卡套餐	为了避免额外付款，避免排队，仅在时间范围结束前 90 分钟售出 90 分钟的票	5.5	3.5
"10+1" 团体 90 分钟套餐	无具体限制	55.0	35.0
单人 180 分钟套餐		7.5	5.5
"10+1" 团体 180 分钟套餐		75.0	55.0
单次天票		10.0	8.0
套餐（无时间限制）　Badespaß 套餐	可 3 人同行，其中必须有 1 名成年人和 1 名儿童。每增加 1 名 5 岁以上儿童（最多 2 名）另收 3.25 欧元	15.0	—

① https://www.berlinerbaeder.de/fileadmin/user_upload/Satzungen/Endfassg._Tarifsatzung_04.01.2018.pdf.

表 4-3 夏季和海滩浴场（Sommer-und Strandbäder）收费情况

名称		使用限制	原价/欧元	优惠价/欧元
套餐（有时间限制）	普通套餐（Haupttarif）单次票	无具体限制	5.5	3.5
	"10+1" 团队票		55.0	35.0
	"20+3" 团队票		110.0	70.0
	夏季多次卡	在夏季所有参与的户外泳池使用20次	70.0	60.0（预售价）
	夜晚套餐	周一至周五（节假日除外）17：30起	3.5	—
	Zeitfenster-Ticket	在规定时间内（通常为三四个小时）进入浴场，但是并不意味着必须尽早进入浴场，需要注意的是进场时间	3.8	—
套餐（无时间限制）	Badespaß 套餐	可 3 人同行，其中必须有 1 名成年人和 1 名儿童。每增加 1 名 5 岁以上儿童（最多 2 名）另收 1.25 欧元	9.0	—

表 4-4 泳池年卡（Bäder Card）收费情况

套餐	原价	优惠价
一次性支付	495 欧元	275 欧元
月付	44.9 欧元 / 月	26.5 欧元 / 月

注：泳池年卡适用于所有游泳馆，有效期为 12 个月。

表 4-5 特惠卡（Ehrenamtskarte）收费情况

套餐	使用限制	价格
特惠卡（Ehrenamtskarte）	购买门票时，必须出示有效的特惠卡，如果卡上没有照片，则必须出示身份证	3.5 欧元

表 4-6 温登施洛斯海滩浴场（Strandbad Wendenschloss）收费情况

名称		使用限制	原价/欧元	优惠价/欧元
套餐（有时间限制）	普通套餐		5	3
	6 人卡（6er-Karte）	优惠价需凭证件购买，仅适用于 13 岁以上、30 岁以下学生及严重残疾者	24	15
	12 岁以下学生套餐	12 岁以下学生	2	—
	教育人士（Schulklassen）（包括老师）套餐	注册后享受该套餐	1	—
	学前班儿童套餐	1—5 岁儿童	1	—
	家庭票	2 名成年人和 1 名儿童	10	—
套餐（无时间限制）	夜晚套餐（Abendtarif）	从 17：30 起	2	—

表 4-7 奥兰克湖海滩浴场（Strandbad Orankesee）收费情况

套餐（没有时间限制）	原价／欧元	优惠价／欧元
普通套餐	5	3
10 人套餐（10er-Karte）	45	27
25 人套餐（25er-Karte）	110	66

从以上具体的收费标准中可以看出，柏林市公共游泳池的票价定位非常合理。德国的低保政策随城市和地区不同而有所不同，但是基本在人均 800 欧元左右。所以，对于一个普通德国家庭，甚至是有经济困难的家庭来说，游泳活动都不是一项非常昂贵的活动，完全可以承担。这一点正体现了柏林市公共体育的全民健身理念。这一点与我国的状况有所不同。我国国内面临着居民人均泳池占有量不足的困扰，同时价格的性价比也尚未达到柏林市的程度。在国内，大多数游泳场所都由私人机构或健身房运营，而其门槛和价格都远远超出一般经济困难群体的承受范围，所以游泳运动在国内尚且被视为"昂贵运动"。这一点与价格亲民、设施完善的柏林尚有一定距离，应该是我国今后公共游泳运动的发展方向。

3. 泳池优惠政策

柏林市的泳池票价优惠政策非常细致，对价格敏感的各个人群都进行了具体细致的划分，以保证每个公民都公平地享有公共泳池的权利。可享受优惠价的人群主要包括以下几类：

一，15 周岁以下的儿童。

二，21 周岁以下的中学生（须出示学生证）。

三，27 周岁以下的大学生，需出示所在院校证明（留学生满足条件者也承认留学生证明）。

四，27 周岁以下的接受职业培训者（Auszubildenden），出示接受培训证明。

五，二级失业补助金（ALGⅡ）或二级社会保险补助金（SGBⅡ）的领取者，出示联邦就业局的现行证明或者"柏林通行证"（Belinpasses）。

六，老年社会援助或者基本保障补助金领取者以及《社会保障法》第十二条规定的残疾人士，出示社会保障办公室、基本保障办公室证明或者"柏林通行证"。

七，《寻求庇护者福利法》规定的福利领取者，出示社会福利局或寻求庇护者中央福利局（ZLA）证明或"柏林通行证"。

八，社区中接受社会服务者，出示发证机关证明或"柏林通行证"。

可免费进入泳池的人群包括：

一，5 岁以下儿童。

二，残疾人证上标有"B"字的重度残疾人的陪同人员。

免费使用游泳池更衣区的人群包括：

一，陪同 7 岁以下儿童上游泳课（每个儿童只能有一名陪同人员）。

二，陪同重度残疾人士，协助其更衣，自己不使用游泳池设施。

对不同人群的细致划分，不仅体现出柏林市先进的人文主义体育理念，也体现了较高的管理水平。根据我国的法律规定，公共体育设施也应当向社会开放，应该以方便群众开展体育活动为主，尤其对学生、老年人、残疾人实行优惠办法，提高体育设施的利用率和全民的参与度。但是根据公共管理实践，我国大多数城市的价格分类不如柏林市这样细致，精细化管理程度有待进一步提高。

二、柏林游泳人才情况及人才培养

柏林在德国游泳界有着重要的地位，来自柏林的游泳人才在国内和国际的比赛中发挥了重要作用，为柏林及德国赢取了众多荣誉：早在 1900 年的巴黎奥运会上，来自柏林的马克斯·舍内和赫伯特·冯·彼得斯多夫在 200 米团体游泳比赛中获得了金牌；2008 年北京奥运会中，作为德国女队的领军人物以及北京奥运会的夺冠热门人选的布里塔·斯蒂芬，在比赛中顶住众多好手冲击，一举拿下 50 米、100 米自由泳 2 项奥运冠军，取得了 2 次华丽的胜利；在 2008 年的全国锦标赛中，柏林游泳协会也是最耀眼的一个，成了该年最成功的协会。

回望德国游泳的历史，不难发现，柏林一直为全国培养了众多游泳好手，而这种成绩也离不开柏林市政府的重点关注与投入。在训练基地的场馆建设方面，柏林市政府就投入了巨大的精力，其中重点建设的一个项目为柏林联邦水上训练基地项目（Bundesstützpunkt）。2007 年，柏林市政府完成了柏林联邦水上训练基地的翻新改建，翻修后的场馆内共有 2 个由柏林游泳集团（Berliner Bäder-Betriebe）运作的泳池，一个 50 米标准游泳池和一个冲刺池。与旧场馆不同的是，这个新的标准池中有 4 条泳道可转换为 25 米的泳道。场馆内的设备进行了全面的升级，使用了最先进的设备。现在的场馆内增加了水上和水下摄像机，出发器（Paceranlage）、出发－转身－测量仪（Start-Wende-Messplatz），并配备了符合国际标准的欧米茄计时系统。这些设备的升级能够更加清晰、精准记录运动员运动数据，并且能够帮助教练员更加科学地进行训练，以达到提高成绩的目的。

改建后场馆如图 4-1 所示。

图 4-1 改建后场馆

除了竞赛池的设备升级以外，场馆还为运动员和教练员配备了完善的陆地训练设备、理疗设备以及分析设施。由于柏林国家队运动员在俱乐部的训练是在该场馆进行的，因此场馆在翻新后，将周一至周五的 7：00—10：00 和 16：00—18：30 这两段最佳时间留给了国家队运动员。此外，该场馆还为国家队运动员提供娱乐、休息和工作的房间和电疗室，为教练员提供了培训师室和会议室。

先进的场馆设施、完善的保障体系以及一切为运动员服务的理念，保证了运动员能够接受科学训练，在帮助他们提高竞技水平、延长竞技生涯方面发挥了重要的作用。

在人才培养方面，柏林也有一套较为完善的体系。柏林联邦水上训练中心与奥林匹克训练基地（OSP）、国家体育协会（LSB）、参议院、柏林游泳协会（BSV）、德国游泳协会（DSV）、体育精英学校、运动医学中心以及该地区的其他合作伙伴在有关游泳项目的领域之内充分展开密切合作。合作是在体育会议的框架内全面展开的（如各地在奥运周期的备战），通过教练的部署，以确保从青年人才到顶尖人才的长期发展；通过奥运基地及其合作伙伴提供科学的支持；通过与负责人协调训练时间和使用场地等，如奥运基地、柏林游泳协会和柏林泳池集团负责协调运动员与学校，以确保运动员的学校教育；通过奥运基地的职业顾问为顶级运动员提供培训；为优化国家级运动员的竞技体育和职业生涯，通过与奥运基地一起组织开展双轨制职业规划（学校生涯、训练和学业咨询），从整体上为运动员提供辅导和支持。该规划重点是在与柏林体育院校密切合作的基础上，尽可能地延长运动员在学校系统中的时间，基本内容是：

一，协调目标为导向的教学课程结构。

二，对训练计划和比赛规划进行编排。

三，建议延长在高中高年级阶段的在校时间。

四，在缺课时间较长的情况下计划补课，并对高水平学生的个别问题和其他所有问题进行解释。

五，制订个人发展计划。

除此之外，卡尔斯霍斯特 bbw 学院（die bbw Akademie Karlshors）是能够接受竞技体育范围内的商业领域专业培训的机构之一。奥林匹克训练基地（OSP）与柏林大学签订了 7 项合作协议，确保了运动员学习与体育训练相适应。这些协议中最重要的内容是个人选课、课程模块分配以及灵活的考试和上课时间、休假时间及整个大学教育时间，通过以下措施进行有针对性的一流体育教育：

一，开展针对职业目标的咨询和研讨会。

二，在实习、培训和学习的核心领域，进一步支持实习过程和随后的持续监督，为学生的职业生涯做好准备。

三，与州级运动员的主管教练或导师不断谈话，制订针对个人的训练计划和学习计划。

这样的培养体系，使青年运动员能够更好地兼顾学业；提供专业的职业生涯咨询，持续跟踪个人发展情况，并制订与之适应的训练计划，能够更好地帮助他们提高成绩；开设与职业体育和竞技体育相关课程，使运动员能够在职业生涯中更好地了解自己，并为未来打下坚实的基础。

游泳人才的发现和培养会从学前班和一年级的孩子开始，基本上遵循以下 3 种方式：

一，在接受游泳训练中展现出天赋的儿童，会被所在区的俱乐部选中，并且接受进一步的培养（平均 20 个俱乐部参与这一计划）。

二，从学校进行选材：观察学生在体育课上的表现，挑选出身体条件和运动技能好的孩子，邀请他们到游泳俱乐部里进行试训，必要时作为人才进一步培养。

三，将非常适合游泳的孩子整合成一个完全的班级进入合作学校，以"游泳班"的形式进行游泳训练，直至报考体育精英学校（die Eliteschule des Sports）。

青少年游泳人才的选拔和培养工作主要由学校、合作的俱乐部以及州立训练基地共同承担。青少年游泳人才的筛选从二年级就开始了，专业的教练员将通过每年 3 次的州级测试比赛和每年 2 次的筛选竞赛来选拔出优青少年游泳运动员。在每年的 4 月或 7 月，柏林州级训练基地会统一考查三年级的运动员，谁适合参加游泳竞技比赛，而四年级的考查时间设立在 12 月。这个考试也叫能力测试，主要关注运动员的某些能力：游泳成绩、游泳技术、腿部动作和冲刺能力、田径、柔韧性、海豚踢和滑行能力。

在一至四年级，青年人才的培训由俱乐部教练负责（与柏林游泳协会合作）。从五年级开始，成绩前 20 名的青少年游泳运动员将在学校和竞技体育中心（SLSZ）的同水平训练小组中接受更高水平教练员的专业指导。但是和其他项目一样，也有天赋展露较晚的运动员在五年级之后加入学校和竞技体育中心接受专业训练的。训练通常每天进行 2 次，随着年龄增加，训练的强度会越来越大，甚至周末都不会给予运动员休息时间，周六也需进行训练，或者整个周末都要进行比赛。

州立训练基地使青少年运动员能够接受科学的训练。目前有 100 名左右的运动员在柏林州立训练基地进行训练，他们由专职的国家教练进行监督，而这些教练也由国家资助，受雇于柏林体育协会。在六至八年级，每年 12 月进行一次职业认证。在这次认证中，要检验青少年运动员在进行了一定时间的训练后是否有进步，但最主要的是要在这次认证中考查运动员是否有在国际上取得成绩的潜力。

三、杭州游泳场所情况

1. 泳池分布情况

我国的相关法律规定，游泳场所为高危险性体育运动场所，需要有高危险性体育项目经营许可证才准许经营。游泳场所需要有符合国家标准的游泳池、救生设施、救生器材等；有符合国家标准数量要求、取得国家职业资格证书的游泳救生员和社会体育指导员，有安全保障制度和措施，并交由县级以上地方人民政府体育主管部门审批。

根据杭州市体育休闲行业协会公布的《杭州市准予许可开放的游泳场所（不包括学校、体育部门下属事业单位管理公共体育设施）统计表》（数据截至 2022 年 7 月 4 日），杭州市共有 678 处准予开放经营的游泳场所。游泳场馆数量之多、区域分布之广符合杭州市这座游泳名城的特点。杭州市游泳场所各区分布数量统计（不含学校、体育部门下属事业单位管理公共体育设施）如下：上城区 87 处，拱墅区 97 处，西湖区 78 处，滨江区 48 处，萧山区 80 处，钱塘区 21 处，余杭区 76 处，临平区 50 处，富阳区 34 处，临安区 28 处，桐庐县 19 处，淳安县 37 处，建德市 11 处，西湖风景名胜区 12 处。①

与柏林市泳池的绝对数量相比，杭州市并不差，但是考虑到柏林市常住人口约 377 万，而杭州市常住人口则达到 1200 万，因此杭州市公共泳池的人均拥有量比柏林市低很多。杭州市公共游泳设施虽然也在进行大力改造和扩建，但仍然无法满足市民的游泳需求，人均占有量明显低于柏林市。在所有的游泳场馆中，经营情况较好的是杭州体育中心游泳场等一类面向大众开放的较大型游泳场所。其他游泳场所都设在一些高级饭店、宾馆（作为辅助配套设施）内和高档休闲运动场所、资产较多人群居住小区等场所，它们的面积都不大，并且由于消费昂贵，只能满足少数人的需求。游泳场馆的开放方式有不分场次和分场次 2 种，每种方式各有其优缺点，适合不同规模和位于不同地方的游泳场馆。游泳池全年开放的很少，这主要是因为杭州市的气候原因，室外游泳池冬天无法开放，冬天也开放的室内游泳馆基本没有利润，仅能维持维修、消耗等。杭州市游泳场馆在分布上呈现城乡不均现象。杭州市的上百家游泳场馆，数量由市区向郊区逐渐减少，郊区虽然人口密度递减，但地域面积渐增。这就造

---

① 杭州网：《杭州市准予许可开放的游泳场所（不包括学校、体育部门下属事业单位管理公共体育设施）统计表》，https://hznews.hangzhou.com.cn/jingji/content/2021-07-08/content_8003263.html，2021-09-10。

成了杭州市民参加游泳运动有一定的难度；同时，杭州市区的泳池往往面临人满为患的情况，特别是在盛夏季节，想要消暑的人群会蜂拥而至，从而造成一定程度的拥挤，因此就更加难以像柏林市那样顾及儿童、老年人和残疾人的特殊需求。因此，杭州市游泳运动公共设施人均占有量与国际相比尚有待进一步提高。只有硬件基础设施得到大力发展，才能照顾到更多的社会阶层、社会团体的平均需求。

2. 泳池收费情况

杭州市拥有数百处游泳场所，场所性质、使用时间等都影响着定价，总体来看，杭州游泳场所普遍定价在 15—40 元 / 次之间。专业的大型游泳场所、健身运动中心收费会略高，但总体也在这个区间范围内。设立在社区内的泳池大多会向社区居民免费开放，而对外开放收取的价格也会比专业的室内游泳馆或酒店、健身房内的游泳馆价格更低。其原因在于，社区泳池占地面积小、设施简单，大多数仅在夏季开放，呈现季节性特征，并且许多社区泳池交由物业管理，因此运营和维护的成本较低。设立在学校（特别是高校）或者是单位内的泳池，凭借学生证或是单位凭证也可享受优惠价，对外开放收取的价格与市场价基本保持一致。游泳场馆也会根据使用时间来定价，夏季是游泳旺季，因此夏季的定价会高于冬季，而一天之中早、中、晚 3 场价格也不尽相同，通常为早场最便宜，中午场次之，晚场最高。

表 4-8 为杭州市级游泳场所部分定价情况。[①]

表 4-8 杭州市级游泳场所部分定价情况

场馆名称	具体内容	收费标准		备注
杭州市陈经纶体育学校游泳馆	30 次游泳卡	300 元 / 张		
	早场	15 元		
	中午场	15 元（7 月、8 月高峰期 25 元）		
	晚场	30 元（7 月、8 月高峰期 35 元）		
杭州市体育发展集团大关游泳健身中心	游泳馆单次票	早上场	20 元（平时价）	
			25 元（高峰价）	
		下午场	25 元（平时价）	
			30 元（高峰价）	
		晚上场	30 元（平时价）	
			35 元（高峰价）	

① 杭州市体育局：《杭州市级体育场馆对外开放收费公示》，http://ty.hangzhou.gov.cn/art/2019/12/2/art_1691982_40732582.html，2021-09-10。

场馆名称	具体内容		收费标准	备注
杭州市体育发展集团大关游泳健身中心	游泳馆个人月卡	有效期30天，只限本人使用，每天限用1次，过期作废	420元	
	游泳馆个人年卡	有效期1年，只限本人使用，每天限用1次，过期作废	2400元	
	游泳馆30次点卡	有效期120天，早上场使用1点/人，其他场次2点/人，儿童使用与成人相同，每场最多可3人同时使用，过期作废	300元	
杭州市体育发展集团游泳健身中心	游泳馆单次票	早上场	成人20元，儿童10元	1.5米以下儿童可购买儿童票，需成人陪同；单票周五晚至双休日及节假日每场增加5元；30次卡有效期自购卡之日起90天，每场可以3人同时使用，过期作废；通用全年卡自购卡之日起1年，限本人使用每天1次，过期作废；老年优待（60周岁以上）30次卡凭身份证购买日场卡，限本人使用，过期作废；老年优待（70周岁以上）年度卡须凭当年有效体检报告，经审核通过可购买本年度卡票，限本人使用每天1次，过期作废（有效期1月1日—12月31日）；IC卡押金为20元/张，可以充值、挂失，不得转让
		6：00—7：30（7—8月见通告）	成人25元，儿童13元（周五、双休日、节假日）	
		日场	成人25元，儿童13元	
		8：30—10：30 12：00—14：00 15：00—17：00	成人30元，儿童15元（周五、双休日、节假日）	
		晚上场	成人30元，儿童15元	
		19：00—21：30	成人35元，儿童18元（周五、双休日、节假日）	
	游泳馆30次卡	早上场	330元/张	
		6：00—7：30（7—8月见通告）		
		日场	500元/张	
		8：30—10：30 12：00—14：00 15：00—17：00		
		晚上场	600元/张	
		19：00—21：30		
	游泳馆通用全年卡	早上场	2000元/张（只限于早上场）	
		6：00—7：30（7—8月见通告）		
		日场	3000元/张通用	
		8：30—10：30 12：00—14：00 15：00—17：00		
		晚上场		
		19：00—21：30		

从价格引导上可以看到，杭州市在场馆定价方面并没有像柏林市那样出台一个

相对较统一的标准，而是在指导价格的基础上可以允许各个场馆进行一定的浮动。大部分的游泳场馆尽管也选择了优惠票等一系列的政策，但是其精细程度仍然有待提高，尤其是对儿童、青少年、老年人和残疾人的定位和定级尚且不够精准，无法差异化照顾到更多的弱势群体。多数泳池也采用了分时段、分场次引导入场人群分散的措施，但是并没有游泳场馆选择"团体票"这一定价方式，这可能与国内俱乐部文化不够发达有关。

另外，与柏林市的游泳票价相比，杭州市游泳票价并未表现出明显的价格优势。与柏林市低保 800 欧元左右的最低收入相比，杭州市的人均低保约为 1000 元。由此，与 3—5 欧元的柏林单次游泳票则比，15—40 元的杭州市游泳票对于一些经济相对较困难的群体来说依然过高，再加之泳池人均拥有量不足，因此游泳运动依然被一些社会阶层认为是"贵族运动"。与柏林市许多市民有长期坚持游泳健身的习惯不同，大多数杭州市民还是将游泳运动视作偶发性休闲活动，往往并不会用长期游泳的方式强身健体，而是视作盛夏时节休闲玩乐的选择。如何在加快游泳场馆基础设施建设的同时进一步让游泳票价对市民来说具有较高的性价比，并且大力宣传游泳作为健身运动的重要性，提升全民对游泳运动的热爱，是下一步杭州市应该力求发展的方向。

四、杭州游泳人才情况及人才培养

游泳运动在浙江省开展得很普及，并且一直是浙江省竞技体育的传统项目，在游泳界一直流传着"中国游泳靠浙江"这句话，可见浙江游泳的卓越成绩。而这句话的下半句是"浙江游泳靠杭州"，杭州为中国游泳输送了无数的优秀人才。截至 2021 年 8 月，中国游泳队在奥运史上共获得 13 枚金牌，其中杭州籍运动员获得 6 枚。有着如此耀眼成绩的杭州游泳队有着非常强大而完善的基层游泳人才储备体系。同时，杭州游泳拥有雄厚的群众基础，在培养后备人才方面积累了丰富的经验。

杭州拥有庞大的登记在册的游泳运动员的数量，具有充足的游泳人才储备，浙江省注册的青少年游泳运动员人数近 3000 人，其中 50% 的运动员都集中在杭州。除了专业运动员外，游泳项目在杭州成为中小学生必修课，并被纳入中考体育科目考核。在这种支持鼓励政策的带动之下，杭州市的青少年对游泳项目的兴趣呈现出上升趋势。

由于罗雪娟、吴鹏、叶诗文、孙杨等杭州籍游泳名将为祖国争金夺银的事迹也深深扎根于当地人的心中，孩子学游泳成为时尚，孩子进游泳队成为骄傲。杭州市在游泳方面走在最前列的体校就是杭州市陈经纶体校，它曾培养出许多游泳人才，被誉为"游泳冠军的摇篮"，作为游泳高水平储备人才基地，为国家队源源不断地输送优秀运动员。陈经纶体校被誉为游泳界的黄埔军校、冠军的摇篮，出身于此校的游泳优秀运动员频出，其中最具代表性的人物就有被誉为中国蛙后的罗雪娟、蝶泳名将吴鹏、多项自由泳世界纪录保持者孙杨等。而在 2004 年以后，在杭州市体育局的统筹规划下，杭州市游泳健身中心和大关游泳健身中心也成为杭州市游泳后备人才的培训基地，并让曾在陈经纶体校执教的优秀游泳教练担任教练，形成了陈经纶体校、杭州市游泳健身中心和大关游泳健身中心"三足鼎立"的局面，为游泳的后备人才培养提供了更多的选择。培训基地之间的竞争也同样促进着基地本身朝着科学、科技、现代化方向发展。[①]

杭州市游泳后备人才的选才过程非常严格，制定了极高的选才标准，秉承着"科学选才，择优录取"的原则，采取"拉网式"的选才模式，从基层选才并逐级往上输送。每年 3 月开始，体校教练就开始进行选苗工作，他们深入全市各区 200 余所幼儿园与小学进行"拉网式"筛选。经初选确定的 1000 余名适龄儿童还要通过面试、初训等环节，最终进入梯队训练的约有 400 人。每个教练有 120 个招生指标，要选看上千名学生，身高、身材比例、水感等是重要的参考依据。尽管竞争激烈，家长也都愿意把孩子送到体校来学游泳。在陈经纶体校队里有 4 位国家级教练，其中包括当年发现了孙杨的朱颖教练，这种教练团队在基层体校中阵容强大。

在陈经纶体校进行游泳训练的学员常年保持在 800 人以上，年龄主要集中在 5—13 岁。鉴于训练规模大、学员年龄小以及项目的特殊性，主要采取走训的形式，既兼顾了孩子文化课的学习，适当的训练量也让这些游泳苗子在未来的发展中还有更多的潜力可以挖掘。体校的教学实行纵向带训的方式，每个教练组所带学员不分年龄和性别，形成"以老带新、以新促老"的训练格局。此

---

① 陈洁：《浙江省杭州市游泳后备人才培养的现状及优势研究》，北京体育大学硕士学位论文，2016 年。

外，体校每 2 个月还会对各教练组带训的 8—13 岁年龄组男、女队员进行一次生化指标的综合测试，通过长期跟踪、对比和分析数值结果，合理制订训练方案。

杭州市游泳健身中心虽然没有像陈经纶体校那样强大的师资，但是在科学训练上下狠功夫。早在 2013 年，该中心率先引入了水下耳机，同一组学员使用相同的频道，教练在岸上就可以对泳池中的学员进行实时指导，大大提高了训练效率。除了抓水下训练以外，杭州市游泳健身中心还研发了运动员管理平台，学员的上课情况、教练员的训练计划等信息都可以在手机端方便地查询。通过每周上传的学员基本身体数据，教练员可以有针对性地调整训练内容。未来，该平台还将采集学员更多的生化数据，完善内容，使管理更加科学、规范。

每届浙江省运会前，这 2 家单位都会提前组织竞赛，争夺杭州市的参赛名额。2018 年的浙江省运会，杭州市游泳健身中心拿到了 48 个参赛名额中的 16 个，虽然在参赛人数上不及陈经纶体校，但最终拿到 30.25 枚金牌（在接力项目中夺冠，每位参赛运动员以 0.25 枚金牌计数），金牌数首次超过了陈经纶体校。

在对游泳人才的培养方面，杭州市积极践行"体教结合"，解决了人才培养中的学训矛盾。杭州市游泳队也打破了传统的教练员带队的年龄限制，实行以大带小的模式，因此组内运动员之间也存在着竞争关系。而这种竞争机制能够帮助提高训练质量，对教练员执教水平的提升也有一定的帮助。

五、柏林游泳运动发展对杭州的启示

经分析发现，柏林市在拥有游泳馆的绝对数量上虽未远超杭州，但是其人均占有量却远高于杭州，开放的泳池种类和各种辅助设施也更多，同时价位也更加亲民，这就使柏林市民享受游泳运动的门槛大大降低。在场馆设施方面，柏林泳池优于杭州，拥有更丰富的水上设施，设有休闲娱乐区域，还有专门供残疾人使用的设施，对于弱势群体的照顾让柏林市的体育设施更显人性化。在配套设施方面，杭州泳池经常出现更衣室、淋浴间拥挤等现象。由于两地自然条件、使用习惯和传统文化等原因，杭州的场馆类型不够丰富，多为传统室内泳池，户外泳池较少，并且没有露天沙滩浴场等类型的公共浴场，而柏林恰恰在这一方面利用自己的天然水系优势走在了前列。两地场馆在营业时间上基本一致，均提供了不同价位的入场费用。但是柏林场馆的基础定价更低，享受优惠价格的人群更为广泛。

在水上运动发展与人才培养方面，杭州虽然是全国游泳名城，拥有一套完善的游泳人才培养体系，但是其他水上项目均无很好的发展。而柏林注重多项目均衡发展，将游泳、水球和花样游泳设为重点运动项目，在本地设立联邦、国家训练基地，以保证运动员的专业训练。在人才培养方面，两地均重视青少年人才的发掘与培养。杭州在幼儿园和低年级游泳学习者中选出身体条件优秀和成绩突出的，进行进一步培养。柏林也是按照身体素质和成绩这 2 项标准在低年级选手中进行选拔。柏林实行双轨制培养，保障了青少年选手在接受专业训练的同时，也能接受学校教育。此外，柏林还为专业运动员提供公关及媒体活动的培训课程。杭州近些年也逐渐注重青年运动员的文化素质教育，使这些选手将来有更多的选择与可能性。从培养方式上看，柏林的运动员更多依靠俱乐部培养，运动员在各自俱乐部中进行训练，而杭州则是依托陈经纶体校等专业体校和游泳中心进行集体培养。可以看出，杭州的游泳运动目前主要还是走在专业化的道路上，大多数的普通民众并未能够将游泳运动作为日常生活中的常规运动项目融入健身之中。这一方面当然有两国的国情和文化差异的原因，另一方面我国游泳设施人均占有量不足的问题也在对比中凸显了出来。同时，不够细致的价位梯次管理和不够人性化的设施辅助也有待进一步提升。因此在泳池建设方面，杭州应加快游泳场馆的建设，不仅应增加场馆数量，也应在设施建设方面丰富场馆内休闲娱乐设施，增设残疾人使用设备，对于配套的更衣室和淋浴间也应更好地规划，适当增加其数量，为居民提供更好的使用环境。在游泳价格方面，建议场馆适当降低基础门票价格，加大优惠力度，扩大享受优惠人群范围，以吸引更多的居民参与游泳运动。

在水上运动发展方面，杭州除继续大力发展游泳运动、保持游泳在全国的竞争力外，也应向群众推广其他水上项目，如跳水、水球等，吸引更多群众加入这些水上项目，为项目发展提供人才储备，使各水上项目共同发展。此外，杭州可以借鉴柏林的部分经验，考虑更好地利用自己本地的天然水系，开辟部分湖泊、沙滩，加以开发和管理，为市民安全戏水提供更多的可能性。

在专业运动员培养方面，为使青少年选手在未来有更多选择、职业选手能够不与社会脱节，应在专业训练外，加入文化课程并逐渐增加其比重。增设培养综合素质能力的课程，如公关课程和媒体课程，以帮助运动员提升自身综合能力。关注运动员心理健康，时常与运动员交流，掌握其心理动态，并聘请专业人员对他们进行定期心理辅导，以保障运动员长期健康发展。对专业运动员的培养应该立足于促进青少年对游泳运动的兴趣培养上，只有拥有了良好的群众基础，一项体育运动项目才能有更加长足的发展。因此增加杭州市中小学校体育课中游泳项目的比重，让每一个普通的孩子都能够学会游泳、喜爱游泳，进而将游泳作为自己终身的爱好，就成为一个重要的前进方向。

第　五　章
柏林体育俱乐部的发展

一、柏林体育俱乐部概况

民间体育俱乐部这一组织形式在德国有着非常深厚的文化和历史基础。根据相关数据整理，截至 2019 年，柏林地区人口为 376.9 万人，共有体育类俱乐部 2158 个，少数历史悠久的俱乐部成立于 20 世纪以前，两次世界大战期间新成立的体育类俱乐部数量有所减少，战后逐渐回升，目前柏林的大部分体育俱乐部成立于 20 世纪 60—70 年代及东西德统一后。近 10 年内（1999—2019 年）俱乐部数量变化呈波动上升趋势，越来越多的人开始加入各种类型的民间体育俱乐部之中（见图 5-1）。目前，体育俱乐部已经成为普通德国人日常生活中不可或缺的一个部分。

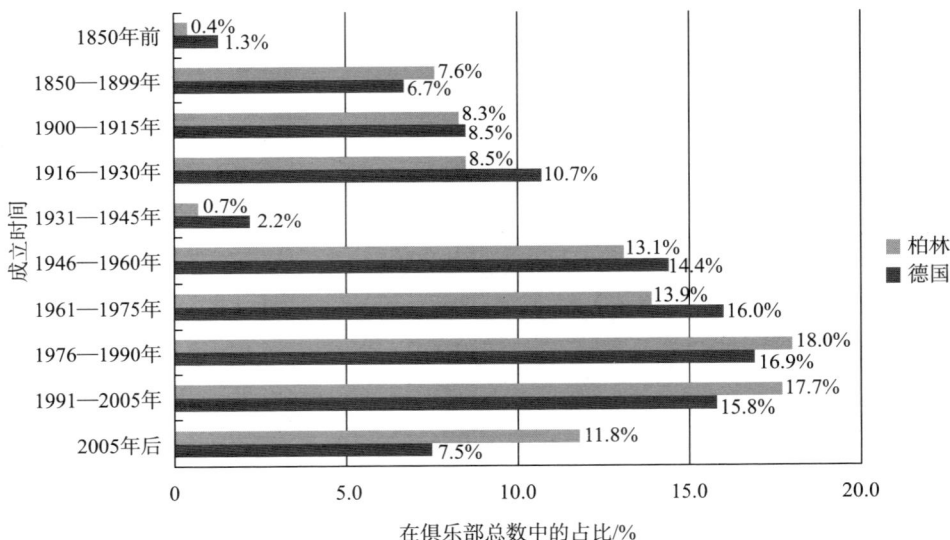

图 5-1　柏林体育类俱乐部占比情况

资料来源：柏林体育俱乐部（2013—2014 体育发展报告）。①

细致分析德国体育俱乐部的构成成分可以发现，成员以青少年为主，各个年龄段的男性成员均多于女性成员。截至 2019 年 1 月，柏林共有男性体育俱乐

① Breuer，C.，Feiler，S. *Sportvereine in Berlin*. Köln，2014：2.

部成员 340507 人，最受欢迎的项目依次为足球、体操、网球、游泳；女性体育俱乐部成员 183704 人，最受欢迎的项目依次为体操、足球、游泳、网球。[①] 对于青少年来说，日常的体育锻炼除了校内的体育课之外，主要就是由俱乐部组织的。德国由于具有深厚的足球基础，德国足球队的光辉战绩更是让德国人为之骄傲。因此无论是对于男性还是女性来说，足球运动都是业余俱乐部的首选体育运动。

据 2017 年调查统计，柏林近 3/4 的体育或锻炼活动由市民自行开展，有组织的体育活动主要由商业体育供应商或体育俱乐部提供。[②] 综合统计数据来看，柏林常住人口与体育俱乐部数量比例约为 1746∶1，体育俱乐部成员数量占总人口的 14%；在体育俱乐部中，男性成员明显多于女性成员，但最受欢迎的项目基本相同，侧面反映出足球、网球、游泳、体操等项目在柏林拥有相对较深的群众基础，设施完善，普及度高。这种具有自发性的体育组织不但能够弥补政府或商业组织覆盖性、承载能力有限的不足，还能够广泛地吸收广大群众进入一个体育运动社群之中，使日常的公民健身体育运动可以更加有组织性、规律性、系统性和科学性。相较于中国社区内往往自发形成的单独健身，组织化程度高的运动形式更具优势。

整个德国的体育俱乐部因为人口老龄化等问题受到一定的挑战，结构上发生了一定的变化，即老年运动项目相应增加。在人口出生率不断下降的趋势下，柏林的俱乐部仍然保持良好的发展势头，这在德国全国范围内都是独树一帜的。在柏林，有 46000 人在过去的 5 年中重新发现了体育俱乐部的魅力。据调查，德国人主要受到体育俱乐部吸引的原因：一方面是强身健体的需求；另一方面，在民间的体育组织中感受集体运动带来的归属感，寻求更多的社会交往和交流。

柏林市体育俱乐部的发展具有自发性，同时也会得到国家和政府层面的大力支持。在柏林市，国家体育协会（LSB）大力支持俱乐部的必要活动，以满足柏林 60 余万体育爱好者的需求，为他们提供相应的体育活动专业性指导、场地支持、经费

① Amt für Statistik Berlin-Brandenburg. *Statistischer Bericht BV1-j/19 Sportvereine im Land Berlin am 1. Januar 2019*.Potsdam，2019：14.

② Senatsverwaltung für Inneres und Sport. *Sportstudie Berlin 2017*.https://lsb-berlin.net/fileadmin/redaktion/doc/vereinsentwicklung/ergaenzende_berichte/4_Sportstudie_Berlin_2017.pdf. 2018：30.

支持和政策扶植。经验丰富的 LSB 工作人员为俱乐部提供发展方面的建议，并通过有针对性的支持计划及个性化咨询服务为他们提供支持。LSB 的手册《柏林体育志愿服务——培训、技术、战术》中针对如何提高其俱乐部水平向体育俱乐部董事会成员和志愿者提出了建议和技巧。作为独立组织的民间体育俱乐部，如果在发展中遇到了任何问题，或有任何需要，均可以向相关的政府机构提出申请，并且获得相关的辅助和支持。

二、体育俱乐部对柏林市民的意义

1. 公民自我价值认同

体育俱乐部的发展对于市民身心健康来说有着重要的意义，这一点体现在市民对于体育俱乐部的需求其实是多方面、多层次的，并非仅仅局限于健身和运动的需求，而这一点往往会被研究者所忽略。尤其是面对快节奏的现代社会，人与人之间的交往逐步趋于原子化，公共空间被进一步压缩，而作为市民重要休闲活动的公共体育空间也更趋分散。而这些问题其实是每一个民间体育俱乐部除了提供丰富的运动项目之外要提供的重要价值。

调查发现，柏林体育俱乐部不单纯专注于组织体育赛事，而是特别重视俱乐部的活动所提供的共同利益。根据 2019 年的调查结果，柏林体育俱乐部经营理念中被提及最频繁的几项依次为：

一，公平竞争与包容性。

二，为居民提供廉价、实惠的运动。

三，让两性平等参与。

四，为有移民背景的居民提供体育服务。

五，重视社区性和通过体育获得快乐。

六，为老年人提供运动机会。[①]

这样的价值取向体现了深厚的人文主义思想，让体育文化承载起了除体育运动之外更多的精神和价值内涵。体育俱乐部作为大众身边的社会组织，理应将大众的诉求放在首要位置。在以上经营理念中，第三、四、六项均提到要为不同性

---

① Breuer, C., Feiler, S., Rossi, L. *Sportvereine in Berlin: Organisationen und Personen*.Köln，2019 : 3-4.

别、不同背景、不同年龄的居民提供体育服务，让所有人公平地享有运动的机会；第二、五项旨在贴近群众，不但要将俱乐部建设在家门口，从空间上缩短居民与体育的距离，还要降低体育活动的成本，让各收入阶层的人都能享受得起；最后，第一项作为最重要的经营理念，体现了基本体育精神，即公平竞争和人人参与，能够在日常活动中引领积极的体育风气，柏林体育俱乐部的参与者以青少年为主，从小树立良好的体育道德十分重要。

柏林的俱乐部将自己视为休闲和大众体育俱乐部，同时也是"体育"的服务提供商。除以上主要价值观外，大部分柏林体育俱乐部也完全认同"社区群体"的重要性（70%），至少一半俱乐部认为让成员民主地参与到俱乐部中是十分重要的，且希望在这一方面有所加强。以这样一种理念开展的体育俱乐部活动往往具有很强的民主性，以参与者本身的主动性为助推力，会让每一个参与者对俱乐部的发展都尽一分力，而不仅仅是处于"被组织者"的被动地位。因此俱乐部会成为公民实现自己公民权利的一个小型模型，对于建立公民身份的认同有着重要的助推作用。

这样的俱乐部理念与柏林市深厚的政治传统也有着密切的关系。柏林在东西两德合并后成为德国的首都，自20世纪90年代起一直是德国的政治中心，因此在关怀少数群体及弱势群体方面具有表率作用，这一点在体育俱乐部中也有所体现。除去普通的体育俱乐部之外，柏林市存在大量的残疾人体育俱乐部，与德国全国平均水平相比，柏林的俱乐部在推动健康运动、老年人运动、移民群体融入、儿童保护和防止性暴力以及防止使用兴奋剂方面的参与程度更高。[①]

2. 为居民提供身心保健

在居民身心保健方面，柏林超过1/4的体育俱乐部，即约630个柏林体育俱乐部提供与健康有关的项目。从差异化的角度来看，大多数俱乐部都在综合保健领域提供体育项目（24.0%）。5.8%的柏林体育俱乐部提供康复训练和三级预防项目，即特殊治疗项目；5.2%的俱乐部为残疾人和慢性病患者提供体育服务，这2项数值均略高于德国的平均水平（见表5-1）。从与健康相关的运动项目和柏林俱乐部的整体运动项目的关系可以看出，俱乐部中超过10%的运动项目与健康相关。

---

① Breuer, C., Feiler, S., Rossi, L. *Sportvereine in Berlin: Organisationen und Personen*. Köln, 2019 : 2.

表 5-1　柏林和德国在健康领域提供体育活动的俱乐部[①]

项目	柏林		德国
	俱乐部占比 /%	俱乐部数量 / 家	俱乐部占比 /%
综合保健体育	24.0	590	29.3
康复训练 / 三级预防	5.8	140	5.2
残疾 / 慢性病相关	5.2	130	4.8
提供与健康有关的项目	25.8	630	31.2

资料来源：柏林体育俱乐部：组织与个人（2017—2018 德国体育发展报告）。

在所有体育活动中，综合保健领域的体育项目占最大的份额，略低于 8%，而残疾人和慢性病患者活动领域的份额较小（0.8%），康复训练和三级预防措施占 1.8%。除了上述与健康相关的运动项目（如体操和健走等）外，柏林的俱乐部还提供特殊的健康运动课程。在柏林的俱乐部中，仅有 13.8% 的俱乐部提供了这样的健康运动课程。与 2015 年相比，这一比例比较稳定，略低于联邦平均水平。4.8% 的柏林体育俱乐部（约 120 家）提供了带有质量标志"SPORT PRO GESUNDHEIT"（为健康而运动）的健康运动课程（见表 5-2）。

表 5-2　柏林和德国开设保健类体育课程[②]

项目	柏林		德国
	俱乐部占比 /%	俱乐部数量 / 家	俱乐部占比 /%
开设保健类运动课程	13.8	340	17.0
SPORT PRO GESUNDHEIT（认证的保健类运动课程）	4.8	120	5.8

资料来源：柏林体育俱乐部：组织与个人（2017—2018 德国体育发展报告）。

这样一种俱乐部结构，一方面符合公民团体对公共体育的基本诉求，即通过运动的方式让自己的身心更加健康发展；另一方面也符合国家的根本政治利益，提升公民的身心健康水平，有效降低疾病的发病率，为德国的医疗和社会保障体系减压。尤其是随着老龄化社会的逐步加深，德国这样的国家正面临着巨大的"养老"压力，如何在人口年龄结构逐步上升的趋势下，让老龄人口拥有长寿生命的同时拥

[①] Breuer, C., Feiler, S., Rossi, L. *Sportvereine in Berlin: Organisationen und Personen*.Köln，2019：10.

[②] Breuer, C., Feiler, S., Rossi, L. *Sportvereine in Berlin: Organisationen und Personen*.Köln，2019：11.

有更加健康的晚年，而不是需要大量的医疗资源来维持质量低下的老龄生存，是每一个国家都要面临的社会问题。柏林市大量与老年人身心健康相关的体育俱乐部恰恰是在这个方面做出的一个尝试，用娱乐休闲的方式让老年和残疾人群运动起来，使其有组织地、科学地进行体育运动，克服个人惰性，更加有意识地追求健康的生活方式。

3. 补充国家福利结构的不足

柏林的民间体育俱乐部在国家政策的扶持之下，有着较为低廉的运营成本，在租用场地、活动经费、专业指导等方面都可以取得巨大的优惠，同时国家也对部分俱乐部提供资金补助。这就造成了民间组织的俱乐部相较于部分商业体育机构来说有价格上的优势，参加一个体育俱乐部对于普通的公民来说门槛相对较低，它们可以吸纳部分经济困难群体和弱势群体，对更广泛地覆盖青少年和残疾人大有好处。柏林有一半的体育俱乐部按月收取会员费，儿童会员最高 5 欧元，青少年会员最高 6 欧元，成年会员最高 13 欧元（见表 5-3）。其年费主要用于俱乐部的基本运营和日常维持，不具有营利性质。

表 5-3　柏林和德国体育俱乐部会员月费[1]

会员类型	柏林		德国	
	中位数／欧元	会员加权[2]后的中位数／欧元	中位数／欧元	会员加权后的中位数／欧元
儿童	5.00	10.00	3.00	5.00
青少年	6.00	11.00	4.00	6.00
成人	13.00	15.00	8.00	9.30

资料来源：柏林体育俱乐部：组织与个人（2017—2018 德国体育发展报告）。

从表中可以看到，柏林体育俱乐部的会员费设计得非常合理，对于一般的家庭来说是一个完全可以承受的开支。相较于较为昂贵的商业健身房等运动方式，柏林市民间体育俱乐部低廉的价位为柏林市民提供了极好的运动机会，也解决了部分人的社交需求。这种低廉的价格一方面是国家政策支持的结果，另一方面也是公民争取其权益的结果。大众体育在德国被视为一项关系到国民身心健康和国计民生的重

---

[1] Breuer, C., Feiler, S., Rossi, L. *Sportvereine in Berlin: Organisationen und Personen.* Köln，2019：8.

[2] 会员加权系统视角：显示体育俱乐部成员受生存问题影响的程度，俱乐部根据其成员规模与所有俱乐部的平均水平进行了额外加权，由此得来的数据将更贴近体育俱乐部成员而非体育俱乐部本身的视角。

要事项，因此国家会严格审批俱乐部的资质，并且根据《社会法典》第八册第 75 条，如果法人或个人协会在青年福利领域积极开展活动，追求慈善目标，能够在专业和人员要求的基础上为完成青年福利任务做出重大贡献，并为促进《基本法》的工作提供保障，则可被承认为独立的青年福利提供者。在柏林，至少有 7.7%，即总共约 190 个体育俱乐部被承认为可独立提供青年福利服务的机构。尤其对青少年而言，能够在团队中体验运动的快乐对于身心健康成长来说有着非常深远的意义，可以有效降低青少年犯罪的发生。同时根据统计，民间体育俱乐部还很好地改善和解决了部分老年人、身心残障人群的康复问题。虽然德国也投入了巨大资金和精力到专门的康复机构，如疗养院、康复中心等，但是对于社会的整体面而言，这些仅仅由国家补助的康复福利机构难以覆盖最广泛的社会人群，也难以形成一套融入公民生活日常中的锻炼计划，组织起来也更加耗费人力、财力。相较而言，各地的民间俱乐部则因为空间和距离上与目标人群更加靠近，结构更加简单清晰、规模更加轻巧灵活、价格低廉合理而在这些方面更具优势。因此，对于国家福利机构无法完全积极覆盖的领域，这种民间自发组织的体育俱乐部则很好地弥补了国家组织的福利机构的缺口。

4. 提供社会服务和教育

除了实际的体育活动外，柏林的体育俱乐部还举办正式的节日和社交活动。2016 年，近 94% 的俱乐部为社区及其成员提供了非体育活动，该数据高于德国全国平均水平。这些活动看似与体育运动没有关系，但既提升了俱乐部的公众形象，又符合许多俱乐部以快乐为前提的宗旨，最重要的是增强了成员的集体感，让俱乐部更像一个"社群"。这样的体育社群在德国不但担负着强身健体的功能，还担负着连接不同的公民个体、解决独居人群的孤独感等问题的职责。

德国目前正面临着逐渐老龄化的社会问题。联邦统计局的调查显示，德国 65 岁以上人群中有 590 万人独自生活在家中，占比已经达到了 34%；在该年龄段中，有将近 2/3 的人（62%）有伴侣；而在 85 岁以上的老年人中，这一比例下降为 1/3（34%）。同时随着社会老龄化的发展，德国老年家庭的数量正在显著增加。目前，65 岁以上的家庭占到全部家庭数量的 25%。而由于文化和历史等原因，德国只有 6% 的老年人与他们的儿孙住在一起，大约 4% 的人住在护理院、养老院或类似机构中。而在 85 岁以上的人群中，有 18% 的人住在相关机构，大部分老人都独居在家。这样独特的社会结构决定了部分老年人生活较为闭塞，缺乏社会交际网络的支持。在全球高龄化、少子化浪潮下，德国养老系统也因此受到巨大冲击，近几年德国老人的"孤独死"问题日渐突出。为强化社会安全网，基民盟于 20 世纪 90 年代制定法律，开始实行强制缴纳的"长期照护保险制度"，待年老需要照护时，民众可依法申请不等的养老津贴，保障老年基本生活。尽管德国在社会制度和福利方面为老年人提供了大量的经济和结构支持，但孤独问题依然是德国老年人面临的最大心理问题。而在解决孤独感方面，民间体育俱乐部就体现了其重要性。调查显示，加入各种体育俱乐部的高龄老人与未加入的群体相比，明显有更高的生活满意度，同时也有着更加健康的身体和心理状态。俱乐部的社交功能可以很好地弥补独居老人在日常生活中社会交往不足的问题，显著弥补孤独感带来的心理问题。体育俱乐部所形成的社群组织形态对其参与者的日常精神支持有不可忽略的社会功效，不仅对老年人，同时对数量日渐上升的独居青年和部分边缘弱势群体都有着极其重要的意义。

除了心理问题外，部分俱乐部还提供具体的志愿者支持，如盲人跑步俱乐部会提供"领跑者"志愿者服务项目，更加方便盲人参加到公共体育活动中。部分俱乐部的志愿者还会支持当地的重大体育赛事的举办，俱乐部可以成为大型活动志愿者的"仓库"。一方面，由于俱乐部的组织结构较为紧密，由俱乐部来组织和提供志愿者服务较为便捷；另一方面，大多数来自体育俱乐部的志愿者自身也常年从事某种特定体育运动，因而对该体育项目有着更深的理解和热爱，在志愿活动中会有着更加周到和全面的服务，服务更具热情。例如，柏林市国际马拉松比赛的志愿者大多数来自当地的跑步体育俱乐部，其专业化的志愿服务已经成为柏林市马拉松比赛的一张金名片。

同时，柏林体育俱乐部的组织结构和管理理念还可以对青少年进行社会层面的人文和民主教育。柏林体育俱乐部为青少年特别提供参与或积极塑造俱乐部生活的机会，由于对其组织的维护主要依靠参与者自发的独立管理，体育俱乐部也因此常常被称为青少年的"民主学校"。由此可见，随着青少年参与俱乐部的机会越来越多，俱乐部的公益功能也在不断增强。在柏林的体育俱乐部中，青少年可以以各种形式参与运行与管理。例如，20.9% 的俱乐部的董事会成员中有 1 名青少年代表、青少年看护人或青少年官员；17.2% 的俱乐部允许青少年选举 1 名青少年代表，16.3% 的俱乐部在年度大会上给予青少年投票权。此外，11.7% 的柏林俱乐部推举 1 名青少年作为青少年代表，8.0% 的俱乐部有自己的青少年委员会或青少年理事会，另有 4.7% 的柏林体育俱乐部允许青少年在部门一级选举 1 名青少年代表，7.0% 的俱乐部为青少年参与提供进一步的机会。然而，44.0% 的柏林俱乐部没有为青少年提供具体的参与机会，这一比例略高于全国平均水平。所提到的其他参与可能性在柏林俱乐部中的比例要比在全国范围内低（见表 5-4）。

表 5-4 青年人参与俱乐部的方式 ①

方式	柏林		德国
	俱乐部占比 /%	俱乐部数量 / 家	俱乐部占比 /%
董事会中有 1 名青少年代表 / 青少年监管 / 青少年官员的席位	20.9	470	34.8
由青少年选举青少年代表	17.2	390	23.2
选举 1 名青少年为青少年发言人	11.7	260	18.0
青少年在大会上有投票权	16.3	360	24.5
有自己的青少年理事会或青少年委员会	8.0	180	13.3
由青少年选举部门一级的青少年代表	4.7	110	7.4
青少年参与的其他方式	7.0	160	6.3
不设有这些职位与机构或无参与方式	44.0	980	36.6

民主观念是德国传统价值观的重要组成部分，允许青少年参与到自己的俱乐部的日常管理和运行中，相当于为他们提供了一个实践验证他们所接触、学习到的民主概念和知识的绝佳平台。在这种管理模式下，青少年对民主政体的理解加深，为其日后实行自己的权利、履行自己的义务打下坚实基础。作为最初的社会层面的组织教育，民间体育俱乐部的经历对青少年来说是一个不可多得的机会。

5. 提供就业岗位

作为非营利性的俱乐部，在柏林民间体育俱乐部中共有约 44200 名成员担任志愿职务。体育俱乐部的志愿者工作区分为董事会层面和执行层面。在体育俱乐部中，执行层包括董事会下设的结构性职能部门，这些职能岗位有许多是长期的，工作范围较广，对保证俱乐部的服务和竞争运作具有重要意义，其中包括部分组织管理岗位、培训师和裁判员，他们都可以领取相应岗位的工资，其工资构成部分来自俱乐部的支持，部分以国家政府支持补助的形式下拨到各个俱乐部的名下再予以发放。这一部分的就业潜力也为柏林市的公共体育行业带来了活力（见表 5-5）。

---

① Breuer, C., Feiler, S., *Sportvereine in Berlin*. Köln, 2014 : 16.

表 5-5　志愿者岗位 [①]

志愿者数量	柏林		德国
	中位数	总数	中位数
董事会层面	7.1	17300	8.4
执行层面	9.4	23000	8.7
审计人员	1.6	3900	1.7
合计	18.1	44200	18.8
男性	12.6	30800	12.7
女性	5.5	13400	6.1

除了志愿者之外，大部分协会还有全职员工。例如，在柏林几乎每 10 个俱乐部中就有 1 个俱乐部有至少 1 个带薪的管理职位。这一比例高于全国的平均水平。大约 240 家柏林体育俱乐部中至少有 1 名带薪的管理人员。这种管理岗位有全职和兼职 2 种形式。柏林体育俱乐部中志愿类岗位比带薪的专职岗位要多得多，其中绝大部分由俱乐部成员或其他管理人员自愿兼职，这种管理模式有效降低了俱乐部运营成本，加强了内部凝聚力。

6. 打造网络社团交流平台

随着网络的发展，柏林的体育俱乐部同时也会打造属于自己的网络平台，利用各种社交媒体进行对外交流。其中既包括新媒体和社交平台（如 WhatsApp、Facebook 或俱乐部官方网站），也包括传统的沟通方式。值得注意的是，柏林俱乐部通过 WhatsApp 进行交流的频率比全国平均水平要低一些，而俱乐部官方网站的使用频率要高一些。以下媒体的使用频率较低：商店和展示柜里的告示、当地报纸、周报和海报广告。如 Instagram、Twitter 和团队管理 App 等社交媒体在柏林俱乐部中用于交流的使用频率较低，但高于联邦平均水平，俱乐部的报纸和电子快报也是如此。

综合图 5-2 中数据可以看出，柏林体育俱乐部倾向于使用基于网络的现代对外宣传交流途径，而如招贴广告、宣传橱窗等不再是其主流途径，随着互联网的飞速发展以及俱乐部成员的年轻化，数字媒体手段更受俱乐部的青睐，官网、Facebook、WhatsApp 等平台具有受众广、宣传手段多样、信息传播迅速等优势，为俱乐部年轻化转型提供便利，也大大提高了宣传效率。广泛的网络影响力

---

① Breuer, C., Feiler, S., Rossi, L. *Sportvereine in Berlin: Organisationen und Personen*. Köln, 2019：12.

不仅扩大了自身宣传，为俱乐部带来更多的会员，同时也更加公开透明地展示了俱乐部内部的各种活动组织、管理结构和发展规划，更好地让社会监督融入组织管理。

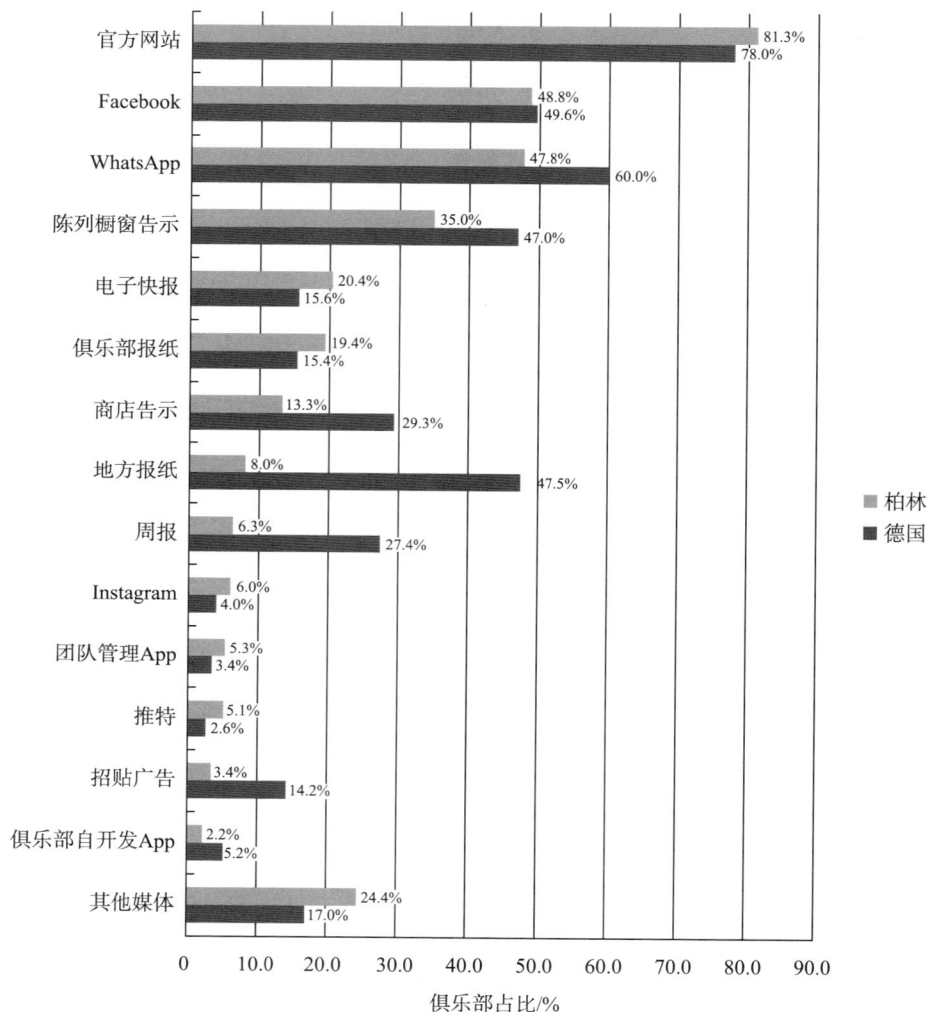

图 5-2 俱乐部使用的交流媒体 [1]

资料来源：柏林体育俱乐部：组织与个人（2017—2018 德国体育发展报告）。

---

[1] Breuer, C., Feiler, S., Rossi, L. *Sportvereine in Berlin: Organisationen und Personen*. Köln，2019：14.

7. 构建社会合作平台

为了能够提供广泛的体育活动，从而进一步加强公益性质，柏林越来越多的体育俱乐部在筹备活动时与众多其他公益机构合作。最常见的合作形式是与学校合作：在柏林有 30.6% 的俱乐部与学校合作。此外，同样高比例的俱乐部（29.9%）与其他体育俱乐部建立了联合报价。9.9% 的俱乐部与幼儿园或日托中心合作，7.1% 的俱乐部与基础保障部门合作，4.7% 的俱乐部与医疗保险公司合作。另有俱乐部与商业体育供应商和商业公司以及养老院和残疾人机构合作。自 2009 年以来，柏林的体育俱乐部的合作率一直保持不变。在与基础保障部门、养老院和商业体育供应商的合作方面，柏林的合作率略高于全国平均水平（见表 5-6）。这样高比例的社会合作表明柏林的体育俱乐部已经在社会层面深深渗透了公民生活的各个方面，并且很好地承担起了自己的社会责任，也在社会结构层面产生了重要的影响。

表 5-6　联合投标 [①]

合作对象	柏林		德国
	俱乐部占比 /%	俱乐部数量 / 家	俱乐部占比 /%
学校	30.6	680	35.2
其他体育俱乐部	29.9	670	31.5
幼儿园 / 日托中心	9.9	220	16.6
基础保障部门（如就业办）	7.1	160	3.6
医疗保险公司	4.7	110	8.8
商业体育供应商（如健身房）	4.5	100	4.3
养老院	4.4	100	2.9
残疾人机构（如 Lebenshilfe）	4.2	90	4.3
商业公司	4.0	90	4.6
青年部门	2.7	60	4.1
健康部门	1.2	30	0.6
跨代之家	0.5	10	0.6
其他	10.4	230	9.5

资料来源：柏林体育俱乐部（2013—2014 体育发展报告）。

积极合作的多种形式，不仅让体育俱乐部更好地在社会层面开展了服务，同时

---

① Breuer，C.，Feiler，S.*Sportvereine in Berlin*. Köln，2014：10.

85

也为俱乐部自身带来了活力。各种各样丰富的合作拓展了俱乐部能够提供的活动范围，与国家机构的合作一方面弥补了国家相关机构在推进体育发展方面的不足，补充了相关机构在公民体育方面尚且欠缺的丰富度，带来了更加专业的运动规划、健康指导等服务，促进了公民福利的发展；另一方面，与保险机构和部分商业机构的合作也给自身的运营带来了更加丰富的资金来源和发展潜力。多层面、多角度的丰富的社会合作让体育俱乐部也成为城市保持活力和发展的一个助推器。

8. 辅助移民融入

由于人口日益国际化，民间体育俱乐部的服务在移民融入社会方面变得越来越重要。柏林 73.2% 的民间体育俱乐部有拥有移民背景的成员，平均每个俱乐部有 8.8% 的成员有移民背景，该比例略高于整个德国的平均水平。按性别进行的分析表明，柏林体育俱乐部的移民中男性多于女性。在有移民背景的体育俱乐部成员中，男性的平均比例为 75.1%，女性为 24.9%。因此，有移民背景的成员中女性的比例低于柏林俱乐部所有成员中女性的比例（31.6%）。该数据与联邦一级统计结果相一致。在超过 1/4 的柏林体育俱乐部中，有移民背景的人也担任志愿职务，柏林俱乐部中移民担任志愿职务的比例高于全国平均水平。这表明，来到德国的移民很好地融入了当地的文化生活和体育生活。

在所有柏林俱乐部中，14.3% 的俱乐部在董事会层面有拥有移民背景的志愿者，19.8% 的俱乐部在执行层面的志愿岗位上有移民背景成员。有移民背景的男性志愿者比女性志愿者多。这既适用于董事会和执行层的整体，也适用于个人（见表 5-7）。从有移民背景的人担任志愿职务的数量来看，柏林体育俱乐部中总共约有 2330 个志愿职务由有移民背景的人担任。其中，行政级别的职位约为 1770 个，董事会级别的职位约为 560 个。平均而言，柏林俱乐部中由移民占据的荣誉职位的比例总体高于德国整体水平。

表 5-7　有移民背景成员担任志愿职务的俱乐部 [1]

担任志愿务的移民成员	柏林		德国
	俱乐部占比 /%	俱乐部数量 / 家	俱乐部占比 /%
董事会层面	14.3	320	10.8
——男性	11.8	260	8.8
——女性	6.1	140	4.2

---

[1] Breuer, C., Feiler, S.Sportvereine in Berlin. Köln, 2014 : 18.

担任志愿职务的移民成员	柏林		德国
	俱乐部占比 /%	俱乐部数量 / 家	俱乐部占比 /%
执行层面	19.8	440	14.6
——男性	17.1	380	12.5
——女性	7.1	160	6.0
合计	25.6	570	19.8
——男性	21.6	480	16.9
——女性	11.5	260	8.4

作为德国的首都，柏林由于其特殊的政治地位接受了大量来自他国的移民，尤其是近几年来，随着德国的移民政策和难民政策的导向，越来越多具有移民背景的公民和家庭开始在柏林定居和生活。德国国内最大的移民群体为土耳其移民。除普通移民外，德国近几年多次大量接收来自叙利亚、土耳其以及阿富汗周边国家的难民。柏林作为德国的首都和政治中心，成为大量移民和难民的定居地，因此各行各业都催生出不少帮助有移民背景的居民融入当地社会的举措，如兴办专门为移民举办的语言班、就业培训班等一系列政策层面的支持举措。然而"融入"始终是一个困难重重的问题。由于文化背景的不同，移民团体往往具有很强的内部粘连性，很容易形成较为封闭的团体。在柏林政府的大力倡导和推进之下，近几年柏林体育俱乐部开始纷纷积极接纳和促进具有移民背景的家庭加入相应的俱乐部，在其中又尤其关注儿童和青少年在体育俱乐部内的融合。通过成员成分混合的体育俱乐部这种形式，可以迅速让移民家庭在日常生活中结交具有共同体育爱好的德国朋友，以体育运动为中介，迅速融入德国社会，从而对德国文化更具认同感和归属感。据调查，具有移民背景的儿童如果其家庭加入了体育俱乐部，围绕体育俱乐部的活动定期开展体育活动，其所拥有的德国朋友、对德语的学习以及对德国文化和德国政治体制的认同，都显著多于及高于没有加入体育俱乐部的移民家庭中的儿童。

三、柏林体育俱乐部面临的问题与对策

1. 生存问题

柏林的体育俱乐部，以及整个德国的体育俱乐部，都面临着各种挑战。其中的

焦点就是人员配置问题。平均而言，留住和招募志愿管理者、训练员和教练是柏林俱乐部的最大问题，需要来自政府和行政部门的支持。此外，各俱乐部在留住和招聘裁判员和法官方面也很困难，在留住和招募会员方面也面临挑战。与 2015 年相比，由于法律、法令和法规的数量，即官僚主义负担，俱乐部所感知到的困难、压力也有所增加。

柏林乃至全德国的体育俱乐部在财务状况方面面临的挑战相对较少，逾 2/3 的俱乐部表示在此方面没有困难或只有小困难。大约 28% 的柏林俱乐部表示，在体育设施可使用时间方面有很大的困难，大约 39% 的俱乐部表示没有该困难。超过 60% 的俱乐部在体育设施的使用条件、与幼儿园的合作、会员对俱乐部的认同感、网络和社交媒体领域的技能、俱乐部的分工和组织以及战略的明确性和俱乐部的未来发展等方面没有困难或只有很小的困难。[①]

一个无法掩盖的事实是，柏林体育俱乐部中有相当一部分都面临着至少一个生存问题，该事实同样适用于全德国约 36.5% 的体育俱乐部，即柏林范围内约 890 家。对于柏林的俱乐部来说，最大的生存问题来自体育设施的可用性，超 1/10 的俱乐部觉得自己的经营受到了该因素的威胁，该统计数值明显高于全国平均水平。此外，约 10% 的柏林俱乐部面临来自名誉会员的约束或收购的威胁；另有 9% 左右的俱乐部因来自政治和行政部门的支持问题而受到威胁。值得注意的是，在柏林的俱乐部中，有较少的俱乐部（仅有 7%）在会员的保留和招募方面感觉到了生存威胁。同时，通过与前次调查相比可以看出，柏林俱乐部中年轻的竞技运动员的保留和招募受到威胁的比例明显上升。

根据各俱乐部的会员人数相对于所有俱乐部的平均数进行加权，从而使结果能够代表体育俱乐部会员而不是体育俱乐部的情况后，其结果又与上述结论略有偏差，但从一些存在性问题来看，柏林俱乐部会员受到的影响往往比从俱乐部角度统计的结果要大。其他威胁到俱乐部存在的问题对俱乐部成员的影响程度要比对俱乐部的评价结果显得小一些，例如，体育设施的可用性问题在一定程度上仍有较强的影响。在会员加权系统的视角下，有 12.2% 的俱乐部成员所属的俱乐部面临体育设施的可用时间问题带来的经营威胁，另有 10.9% 的俱乐部有相似的困难。这一情况

---

① Breuer，C.，Feiler，S.，Rossi，L. *Sportvereine in Berlin*: *Organisationen und Personen*. Köln，2019：15-18.（本小节出现的统计数据无特殊标注均来自此来源。）

出现的原因可能是规模较大的体育俱乐部受体育设施问题的影响较大，组织起来的会员人数过多。同时，因政策或行政支持问题而面临经营危机的俱乐部会员人数较少，这传递了典型的社团观念。

2. 体育设施

柏林的体育俱乐部主要还是依赖于城市和国家的公共设施，只有很少的体育俱乐部能够拥有自己的场地和设施。在柏林的体育俱乐部中，22.1% 拥有自己的体育设施（包括俱乐部主建筑）。这一比例远低于全国平均水平，与历史上的高点相比也呈现逐年下降的趋势。除了自己的体育设施外，近 3/4 的俱乐部（即总共约 1810 家）还使用市政体育设施（包括学校体育设施）。在使用市政体育设施的俱乐部中，共有 10.0%（即总共约 180 家）的俱乐部必须为使用市政体育设施支付费用。这一比例明显低于德国的平均水平（见表 5-8）。

表 5-8　俱乐部所属和市政体育设施的使用 [1]

设施问题	柏林		德国
	俱乐部占比 /%	俱乐部数量 / 家	俱乐部占比 /%
俱乐部拥有体育设施的所有权	22.1	540	40.9
市政体育设施的使用	74.0	1810	63.5
缴纳使用费的情况	10.0	180	50.5

这样一种较低的独立设施拥有量带来的问题主要是，俱乐部的相关活动要在一定程度上受到公共设施安排的限制，它不能够非常自由地安排活动时间，并且需要工作人员不断加以各方协调，同时定期支付一定的费用在场地和器械的使用上。较好的一个方面就是柏林市政府向来对体育俱乐部有着较好的政策支持，体育俱乐部优先享有使用公共、学校或部分市政场馆的权利，使用费用也相对较低，这就为体育俱乐部开展自己的活动提供了极大的便利条件。因此，虽然自有占有率不高，但是也未对柏林市的体育俱乐部发展造成太大的困难。

---

① Breuer，C.，Feiler，S.，Rossi，L. *Sportvereine in Berlin*: *Organisationen und Personen*.Köln，2019 : 24.

3.财务问题

虽然柏林的体育俱乐部并非以商业营利为目的，然而就数据来看，目前柏林的体育俱乐部的财务基本上能够维持其运营的需求。柏林体育俱乐部的整体财务状况反映在账户收支中，账户收支通过总支出减去总收入计算。可以看出，2020年，柏林3/4以上的俱乐部（即约1870家）至少能够达到收支平衡，即总收入可抵销或高于总支出。与之前相比，该数据稳定，高于德国平均水平。按单项支出分类对2016年柏林体育俱乐部的收支情况进行分析，可以看出，俱乐部平均财务支出最多的项目是：①教练员、运动指导员和体育教师的工资；②维护和运营自身设施的支出；③行政人员的工资；④举办自身体育赛事的支出；⑤体育器材和服装的支出。财务收入主要来自：①会员费；②捐赠；③为会员提供有偿服务（如场地或场馆租金）；④体育赛事；⑤课程费用。与前次调查相比无明显变化。从上面的支出和收入项目的罗列可以看出，最贵的依然是人员方面的支出，而收入也主要以会员费为主。除此之外，俱乐部的另外一大收入就是来自机构或个人的捐赠，这对一个非营利性商业机构来说也是一个不可或缺的开源方式。

4.支持服务

从俱乐部的整体运营和各个环节的分析来看，最重要的以及最耗费材料和精力的依然是人员配置方面的投入。因为俱乐部的非商业性质，往往参加的人员都有一定程度的志愿性质在其中。但是为了保证高质量的服务，俱乐部无论是在管理还是经营方面，都必须更加全面地为俱乐部的服务人员提供支持，同时也尽量为会员带来更好的体验。这一方面的投入被称为支持服务。为了支持俱乐部中的志愿工作，柏林的体育俱乐部提供了各种措施来帮助志愿者。这些措施既针对义务工作的教练员和训练员，也针对名誉理事。观察各俱乐部对不同的支持服务（UL）的依赖程度（以1="完全没有"，5="很强"的量表为标准），可以看出，除了对创新的支持外，针对教练员和培训师的措施比针对管理层志愿者的措施更多一些。

平均而言，柏林的各俱乐部在承担进修费用、支持创新和获得媒体认可方面对支持服务的依赖性最大。柏林体育俱乐部对教练员以及管理层成员支持服务的依赖程度略低于德国平均水平（见图5-3、图5-4）。

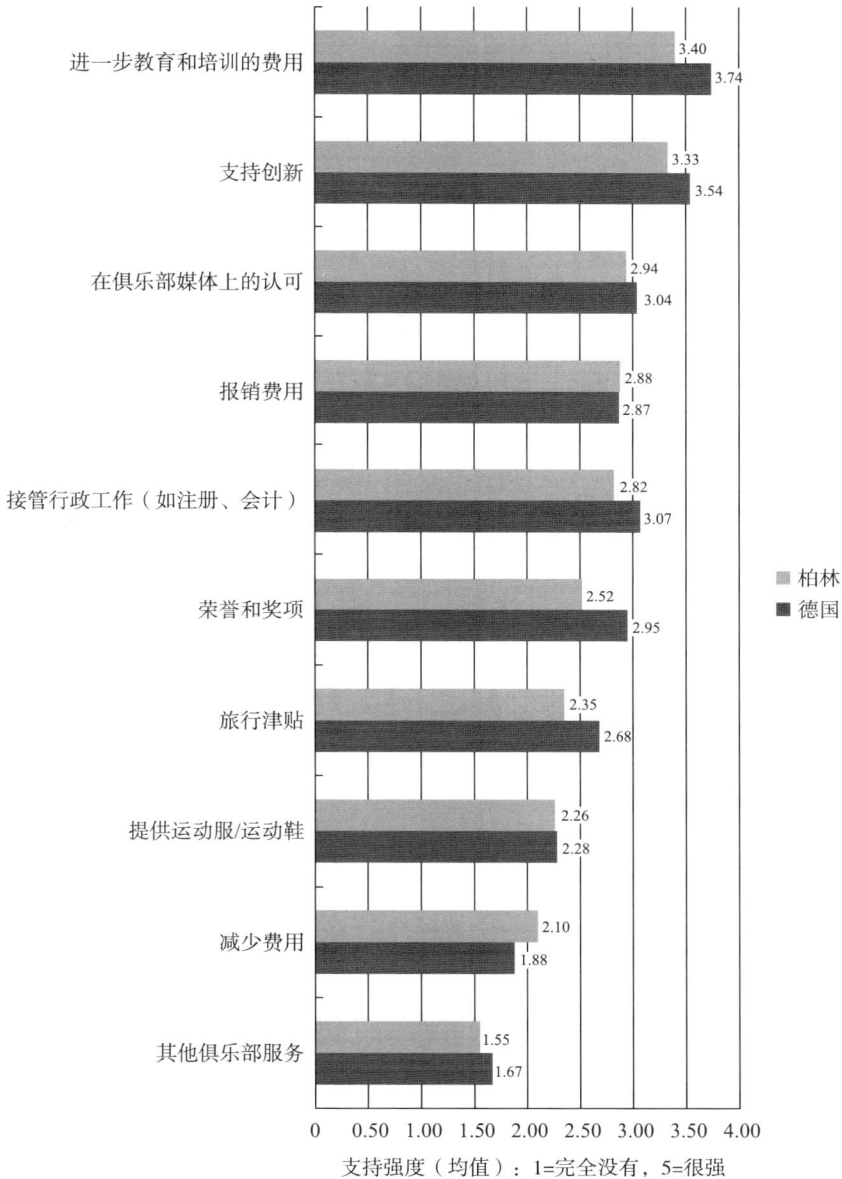

图 5-3 为志愿者培训师和运动指导员提供支持服务 ①

进一步教育和培训的费用 柏林 3.40 德国 3.74
支持创新 柏林 3.33 德国 3.54
在俱乐部媒体上的认可 柏林 2.94 德国 3.04
报销费用 柏林 2.88 德国 2.87
接管行政工作（如注册、会计） 柏林 2.82 德国 3.07
荣誉和奖项 柏林 2.52 德国 2.95
旅行津贴 柏林 2.35 德国 2.68
提供运动服/运动鞋 柏林 2.26 德国 2.28
减少费用 柏林 2.10 德国 1.88
其他俱乐部服务 柏林 1.55 德国 1.67

支持强度（均值）：1=完全没有，5=很强

■ 柏林
■ 德国

① Breuer, C., Feiler, S., Rossi, L. *Sportvereine in Berlin*: *Organisationen und Personen*. Köln, 2019：22.

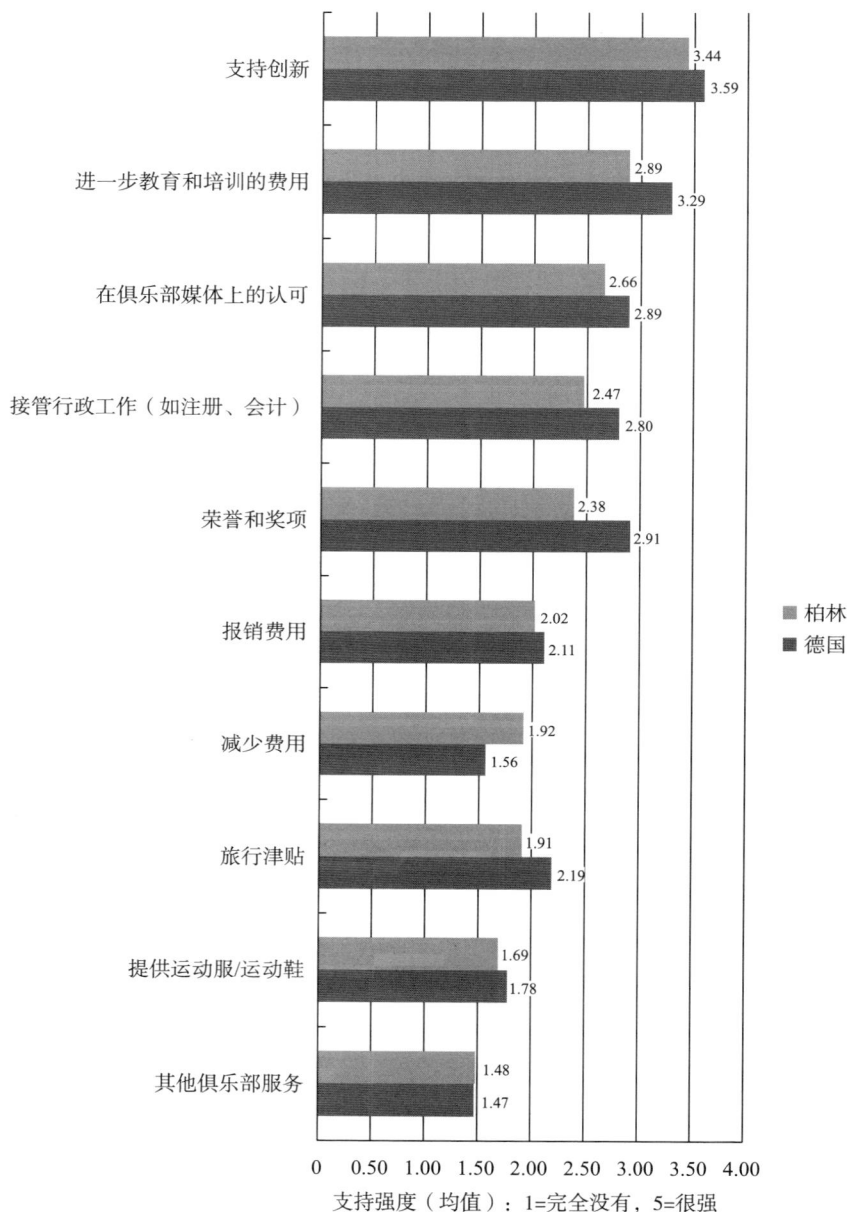

图5-4 对志愿董事会成员的支持服务 ①

---

① Breuer, C., Feiler, S., Rossi, L. *Sportvereine in Berlin: Organisationen und Personen.* Köln, 2019：23.

四、柏林民间体育俱乐部的发展对杭州的借鉴意义

目前中国因国情等客观原因，绝大部分体育资源由相关行政部门出资建设管理，社会组织若想加以利用，极易出现手续烦琐、权责混乱等问题，而由政府官方组织的体育团体大多面向专业竞技体育运动员，或存在政社不分的现象。所以现在在中国，民间体育俱乐部、非营利性的非商业体育俱乐部目前还不成规模，全民体育健身呈现出散点化、原子化和社区自发化的特征。以年龄层划分，大多数的青少年以学校体育、中年人以商业健身房或商业俱乐部为主，老年人作为对社交生活和日常体育锻炼较为有需求的一个群体反而以自发式的社区体育锻炼为主。这样的结构所带来的问题就是整个大众健身领域呈现出不够组织化、科学化和规模化的趋势。《体育产业发展"十三五"规划》中提到培养社会体育组织时强调："推进政社分开、管办分离，支持体育社会组织实体化运作，探索建立法人治理结构。"[1]

截至 2020 年底，杭州市常住人口总数约为 1193 万人，已建成各级体育俱乐部 353 个[2]，即每万人拥有社会体育组织不到 3 个，在柏林这一数字是 5.72 个/万人。但数量并非杭州市体育俱乐部所要解决的唯一问题。要想让俱乐部真正发挥其作用，即服务大众，首要任务是让俱乐部扎根大众，让民众自愿、主动、热情地参与到体育俱乐部中进行活动和强身健体。在此基础上，综合柏林体育俱乐部的发展与现状，可得出一些值得借鉴的经验。

1. 吸引群众

相关调查和研究显示，柏林居民愿意在俱乐部中参与体育活动主要有以下几点原因。

第一，价格实惠。柏林的体育俱乐部成员每月缴纳的平均会费略高于全国平均水平，考虑到城市体量、经济状况与居民消费水平，人们普遍能够承担起每月最高不超过 13 欧元的体育消费，儿童会员费用通常会减半，身体残疾或有障碍者也能享受相应的优惠措施。这样低廉的价格让每一个家庭，甚至是处于经济弱势地位的

---

[1] 中华人民共和国国家发展和改革委员会：《体育产业发展"十三五"规划》，https://www.ndrc.gov.cn/fggz/fzzlgh/gjjzxgh/201708/t20170810_1196891_ext.html，2021-09-20。

[2] 杭州市体育局、杭州市发展和改革委员会：《杭州市体育发展"十四五"规划》，http://ty.hangzhou.gov.cn/art/2021/9/26/art_1229292418_1800690.html，2021-09-20。

家庭都可以有能力加入其中。柏林市在这一方面取得的成就主要依靠政府对俱乐部的政策支持，大幅降低和减免俱乐部的各种开销和花费，通过前面的俱乐部收支平衡可以发现，必须在保证俱乐部非营利性商业机构本质基础上使其有一定的盈余才能维持其运转。

第二，数量众多。柏林超过 2000 家俱乐部分布在城市各地。市中心的俱乐部可能在成员数量、场地条件等方面占有一定优势，但在城郊及周边村落中同样有足以为居民提供体育服务的数量众多的俱乐部拉近了体育与人的距离，大部分人在家门口就能享受到体育服务，群众的参与度大幅提高。由于目前我国人口众多，而俱乐部的数量和人均占有量太少，俱乐部的空间分布也不够均衡，导致很多人想要参加俱乐部需要长途跋涉，路程消耗大量时间。这无疑在无形之中为广大的居民参加俱乐部活动设置了隐形的障碍和门槛。因此，如何引导体育俱乐部分布更加合理、人均占有量不断提升，是下一步我国体育俱乐部发展要面临和解决的问题。

第三，项目丰富。德国规定 7 人以上即可注册成为俱乐部，享有国家法律保护的权利，按照自治原则可开展各种体育社会活动[1]，宽松的准入条件也有助于各类体育俱乐部，尤其是小众项目俱乐部大量涌现。柏林市内既有全德国最大的体育专项协会德国足球协会（下辖俱乐部 25456 家，会员逾 680 万人）成员柏林赫塔、柏林联等大型俱乐部，也有隶属于最小的德国冰球协会（下辖俱乐部 16 家，会员约 800人）的柏林冰球俱乐部，爱好小众运动的人也能找到与自己兴趣相投的朋友。除体育训练外，大部分俱乐部也提供健康类体育活动，或在节假日组织以娱乐为主的社会活动，大大增加了趣味性。

近年来，随着全民健身运动的开展和人们生活水平的提高，杭州市的体育设施大量增加，市中心的小区附近大多开有商业健身房，郊区不少农村也设置了简单的健身房；此外，2014 年 9 月起，杭州市中小学配套体育设施逐步向市民免费开放，体育锻炼的成本逐渐降低。体育俱乐部若能充分利用现有的公共体育设施，降低经营成本，即可为吸引群众参加打好基础。

杭州市现有体育俱乐部并不少，项目也较为丰富，但由于缺少如德国一般的俱乐部体育底蕴，许多体育爱好者并没有加入俱乐部的意识，因此没有成为俱乐部的成员。这一点与我国的传统及历史有着一定的关系。德国俱乐部的历史更加漫长，

---

[1] 石龙：《德国体育的启示与思考（之一）》，《运动》2013 年第 7 期，第 154—156 页。

俱乐部文化已经深入德国人日常生活，因此一般家庭更容易接受这样的方式。但是作为舶来品的"俱乐部"概念在中国依然缺少相应的民间文化土壤，再加之宣传力度的不足，许多市民不知道有民间体育俱乐部这种健身和运动形式，同时对其存在一定的误解。许多人存在一种误区，即许多以健康为目的进行日常体育锻炼的人并不认为自己是"体育爱好者"，继而认为没有加入俱乐部的必要。

近年来，全民健身上升为国家战略，杭州市应抓住时机加大俱乐部宣传力度，组织宣传会、招新会等，吸引爱好相同运动的人互相接触，将他们吸纳到相应的俱乐部中，发挥俱乐部的社群作用。针对目前的发展趋势，杭州的体育俱乐部可效仿柏林，首先加大对俱乐部这种体育社群的宣传，让民众更加了解体育俱乐部的运转方式、组织活动和能够为生活带来的诸多益处，增加民众对体育俱乐部的接受程度；同时多开展低门槛的保健性体育活动，以强身健体为目的、以身心愉悦为宗旨，带领群众科学锻炼。不应将"锻炼"与"体育"分割开来，适当降低专业性，让体育为人服务。

2. 拥有重点项目

由于文化和历史原因，柏林最大的体育俱乐部无疑是足球俱乐部，柏林赫塔是德甲老牌球队，2020—2021赛季，柏林联俱乐部历史上第一次闯入积分榜欧战区。足球是德国传统强项，足球运动在德国参与度很高，柏林足球俱乐部青训体系完善，为职业联赛源源不断地输送新鲜血液。此外，柏林有大量非职业足球俱乐部，由于足球是群体性运动，这些俱乐部承担了组织活动、寻找场地等功能，吸引了柏林地区的足球爱好者。除足球以外，篮球、网球等热门运动也有许多热门俱乐部。作为世界著名马拉松赛，柏林马拉松于每年9月举行。该赛事历史悠久，每年都能吸引来自100多个国家与地区超过4万名选手参加，是柏林体育的一张金名片。由此而诞生的柏林马拉松纪念俱乐部也就成了柏林最著名的俱乐部之一，该俱乐部由完成柏林马拉松10次及以上的跑者组成，加入不收取任何费用，现有来自超过30个国家及地区的成员5522人。由于柏林马拉松世界闻名，虽然该俱乐部平时组织活动不如其他俱乐部频繁、丰富，但也是一个国际知名度极高的俱乐部。

综合柏林体育俱乐部的经验，杭州想要建立大型体育俱乐部，一要抓住热门项目，二要发挥强项项目，三要利用特色项目。乒乓球是中国传统强项，国际赛事几乎包揽冠亚军；近年来提倡发扬女排精神，浙江女子排球队成绩斐然，第一代女排队员陈招娣是杭州第十中学知名校友，这 2 项运动群众基础极佳，在中国属于热门运动。杭州市将游泳纳入体育中考项目，青少年游泳普及率高，为国家队培养出罗雪娟、孙杨、傅园慧、叶诗文等多位世界冠军选手。2018 年，杭州承办了第 14 届世界短池游泳世锦赛。可以说，游泳是杭州市的强项运动。杭州马拉松是中国历史第二悠久的马拉松赛事，2019 年获国际田联金标标牌，赛道沿途风景秀丽，展现了杭州的城市风貌；西湖区龙坞何家村于 2019 年建成杭州市首条标准山地车赛道，已经承办不少国际赛事；杭州西湖国际高尔夫球乡村俱乐部和富阳富春山居高尔夫俱乐部每年都有来打高尔夫球的日本客人和韩国客人，这些都是杭州市的特色项目。杭州应充分利用以上项目，用现有的荣誉和榜样吸引体育爱好者，让普通人也能参与到他们的偶像运动员所擅长的领域中，享受到与专业运动员同等级别的场地与设施。

3. 特殊人群关怀

柏林体育俱乐部的发展中有一个很显著的特点，即非常注重让各种各样的人平等地享受体育的乐趣，并为儿童、青少年、老人、残疾人、慢性病患者、难民等需要照顾的人群提供特别项目。柏林市体育俱乐部的理念是服务最广大的社会人群，因此会有各个不同种类、针对不同人群的俱乐部，整个俱乐部的设置呈现出丰富多样的形式。除了传统的各种针对普通市民的体育项目之外，不乏针对青少年的小众项目如水球、针对残疾人的康复训练以及针对老年人的地滚球等的休闲俱乐部。

在这一方面，我国做得尚且不够好，特别是青少年体育运动方面。目前中国青少年的体育活动主要还是依托学校的体育课组织，课后的体育运动则没有呈现多样化和组织化的趋势，并且由于文化和政策原因，青少年的课余体育运动时间呈现出被文化课和各种补习班挤占的情况，导致我国青少年的平均运动时间往往低于世卫组织的推荐标准，也低于欧美国家的平均水准。2021 年 7 月，中国教育部发布《关于进一步减轻义务教育阶段学生作业负担和校外培训负担的意见》，减轻中小学生课业负担，严禁学科类校外培训[①]；8 月，国家新闻出版署发布《关于进一步严格管理切实防止未成年人沉迷网络游戏的通知》，严格限制了未成年人使用网络游戏的

---

① 中共中央办公厅、国务院办公厅：《关于进一步减轻义务教育阶段学生作业负担和校外培训负担的意见》，http://www.moe.gov.cn/jyb_xxgk/moe_1777/moe_1778/202107/t20210724_546576.html，2021-09-10。

时间[①]。2项政策双管齐下，将大量的课后自由时间交还到青少年手中。体育锻炼能够帮助青少年开发自己的兴趣特长、保持健康良好的体质及体态、预防近视和其他慢性疾病，在此基础上，加入体育俱乐部能让青少年享受专业的体育设施，接受专业教练指导，并与兴趣相投的同龄人交往及互助。可以说，体育俱乐部是青少年课后活动的最佳选择之一。

杭州市体育局与杭州市发展和改革委员会于2021年6月发布的《杭州市体育发展"十四五"规划》中指出，杭州市"基本公共体育服务供给与群众需求还存在差距，特别是体育设施落地难、分布不均衡……社会体育组织体系有待完善"[②]。结合国家"双减"政策、未成年人网络游戏防沉迷等政策的推行，不难看出当下在青少年对体育俱乐部的需求与体育设施、社会性体育组织之间存在较大真空，若能趁此时机大力推进相关发展建设，将会为青少年课后管理与群众体育发展创造双赢局面。

除此之外，对特殊人群的关怀还可体现在许多地方，如为俱乐部的特殊人群成员减免费用、倾斜福利等；在此基础上，也可以效仿柏林体育俱乐部，为慢性病人或老人开设康复保健项目。柏林市相关体育俱乐部数量较多，与其相比，国内这一部分的服务有待进一步提高。体育俱乐部定期开展面向相关弱势边缘群体的活动，不仅为我国的福利体系减轻了部分压力，同时也更加有利于公民的身心健康，对于提升公民的整体健康程度非常重要。尤其是在我国正日益迈向老龄化的发展阶段之下，加快建设一批适合老年人使用的体育设施，开展一系列适合老年人参与的体育活动，为即将加速到来的老龄化社会做好相应的铺垫和准备，是我国公共体育面临的一个重大课题。

杭州市一直是中国最具幸福感的城市之一，外地游客、国际友人常常对杭州市的人文关怀和市民素质称赞有加。正如群众体育的基础是"群众"，杭州城市发展想要通过培养社会体育组织，从而百尺竿头更进一步，对"人"的关怀必不可少。充满人文精神的体育才是大众体育发展的最终旨归。

---

① 国家新闻出版署：《国家新闻出版署关于进一步严格管理切实防止未成年人沉迷网络游戏的通知》，http://www.gov.cn/zhengce/zhengceku/2021-09/01/content_5634661.htm，2021-09-10。

② 杭州市体育局、杭州市发展和改革委员会：《杭州市体育发展"十四五"规划》，http://ty.hangzhou.gov.cn/art/2021/9/26/art_1229292418_1800690.html，2021-09-20。

第 六 章
柏林校园体育及青少年体育现状

一、柏林校园体育课程概况

柏林校园体育课程以培养学生从事终身体育性活动的意愿及能力，发挥学生个人特长，培养学生毅力、团队合作等能力，以及使校园体育成为课外体育和运动文化，尤其是俱乐部运动的连接纽带为目标。在柏林，从小学到十年级，每周总共开设 3 小时的体育课程，从三年级起，体育课程内容包含 1 小时游泳课程，但对于七至十年级学生，游泳课并不是必修课程。从十一年级起，每周总共开设 2 小时的体育课程，游泳被视为体育基础课程，时长为 2 小时。柏林 9.0% 的小学为体育特长学校，对于这些学校来说，除体育课外，从三年级起还开设另外至少 2 小时的课外体育活动课。七至十年级提供每周 3 小时的体育选修活动课程。除体育课之外，柏林校园体育同时包括与校外体育俱乐部进行合作，丰富体育课程及内容；以学校为单位组织参加区或市体育比赛；发现和培养青年体育人才；等等。

柏林的校园体育课程，不同的年级，课程目的也不相同。以校园 5 人制足球体育课程为例，在小学阶段，学生们在课上使用轻型球，课程以小学体育基本课程的要求和内容为主，但是教师会充分利用各种器材，并且设计足球游戏，以增加课堂的趣味性，提高学生的参与度，相对应的考试内容也是足球基础动作考核，并且仅针对小学阶段高年级学生。在初级一 Sekundarstufe Ⅰ阶段，5 人制足球课程主要应设立在"足球"主题内，课上用球改用正常重量球，并且开始着重练习接球及带球技术，同时引入足球基本战术演练，考试内容也逐渐复杂，需要完成一系列足球技术动作。等到了初级二 Sekundarstufe Ⅱ阶段，该课程不仅设立在"足球"主题内，还涉及"竞赛"的主题，学生会学习了解常规 5 人制足球特殊规则，在常规场地中训练接球、带球技术，训练快速带球通过狭小空间能力，并且演练更进一步的进攻或防守战术，考试需要记录完成 5 次带球过障碍并射门所需时间，以测试能否达到进行实战的水平（见图 6-1 至图 6-3）。足球课程从小学到初级一 Sekundarstufe Ⅰ阶段，再到初级二 Sekundarstufe Ⅱ阶段，课程目的经历了由培养学生对足球的兴趣到训练学生足球技能，再到将技术和战术运用到实战的完整过程，符合学生个人成长轨迹，同样也可以看出课程的延续性以及专业性。不同等级足球运动技能完成时间量化标准如表 6-1 所示。

小学阶段足球课程考核需要使用的器材：
·9 个障碍物
·3 个 5 人制足球
·1 个球门

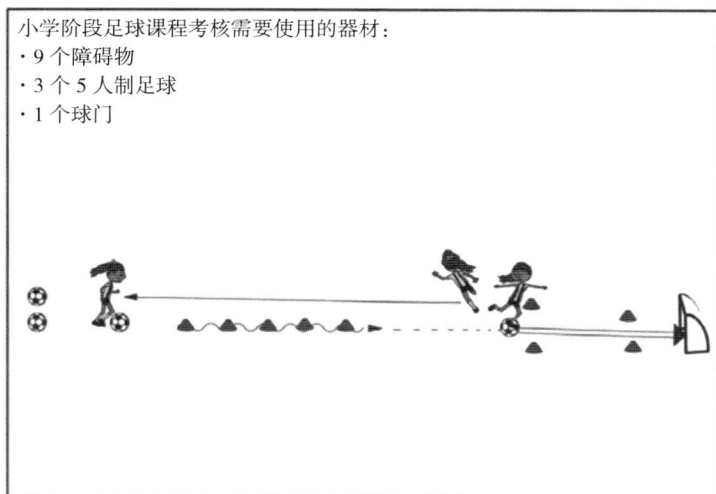

图 6-1　小学阶段

中学阶段足球课程考核需要使用的器材：
·15 个障碍物
·1 个 5 人制足球
·如有必要，需要设置 1 个球门
·另需要 1 名传球者

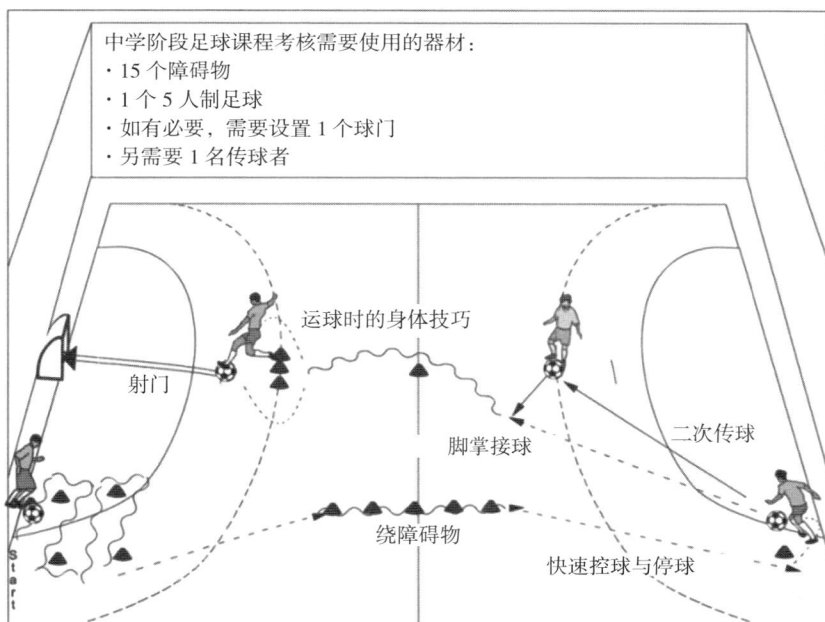

射门

运球时的身体技巧

脚掌接球

二次传球

绕障碍物

快速控球与停球

Start

成绩标准：所有涉及的技术点，每点 2 分。

图 6-2　初级一 Sekundarstufe I 足球考试完成度示意图

初级二足球课程考核需要使用的器材：

· 9 个障碍物

· 5 个 5 人制足球

· 1 个球门

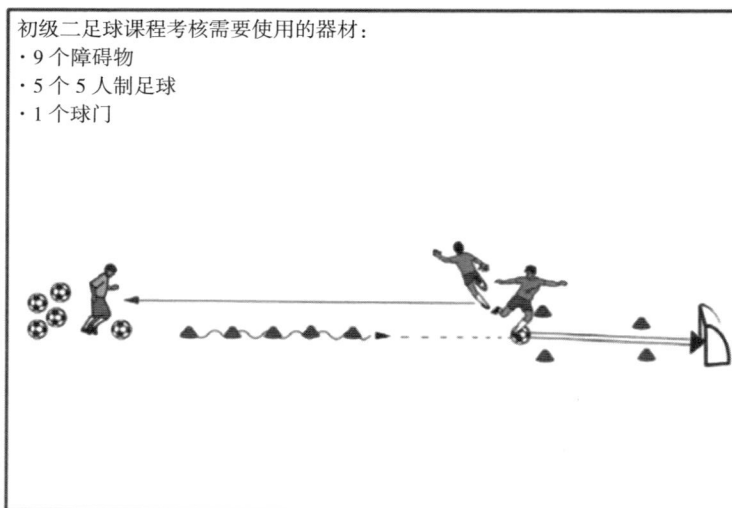

成绩标准：完成 5 次带球过障碍并射门所需时间。

图 6-3　初级二 Sekundarstufe II 足球考试完成度示意图

表 6-1　不同等级足球运动技能完成时间量化标准

得分	男孩一级 / 分	男孩二级 / 分	女孩一级 / 分	女孩二级 / 分
15	1：04 及以下	1：01 及以下	1：10 及以下	1：07 及以下
14	1：05—1：07	1：02—1：04	1：11—1：14	1：08—1：10
13	1：08—1：11	1：05—1：07	1：15—1：18	1：11—1：14
12	1：12—1：14	1：08—1：11	1：19—1：21	1：15—1：18
11	1：15—1：18	1：12—1：14	1：22—1：25	1：19—1：21
10	1：19—1：21	1：15—1：18	1：26—1：28	1：22—1：25
9	1：22—1：25	1：19—1：21	1：29—1：32	1：26—1：28
8	1：26—1：30	1：22—1：25	1：33—1：37	1：29—1：32
7	1：31—1：39	1：26—1：30	1：38—1：46	1：33—1：37
6	1：40—1：45	1：31—1：39	1：47—1：52	1：38—1：46
5	1：46—1：55	1：40—1：45	1：53—2：02	1：47—1：52
4	1：56—2：02	1：46—1：55	2：03—2：09	1：53—2：02
3	2：03—2：09	1：56—2：02	2：10—2：16	2：03—2：09
2	2：10—2：20	2：03—2：09	2：17—2：27	2：10—2：16
1	2：21 及以上	2：10 及以上	2：28 及以上	2：17 及以上

二、柏林校园各类以体育为导向的竞赛活动与培训

柏林在进行了校园体制改革后，青少年儿童在校时间大幅度增长，自身可用于课外休闲、运动和教育活动的时间大大减少。而这次改革也对学校提出了更高的要求。学校将同时发展成为一个学习和生活的场所，不仅要进行课堂教学，也要和体育俱乐部或文化机构等一起组织更多的活动，还要以学校为单位组织参加区或市体育比赛，以丰富在校青少年儿童的业余生活。

以足球比赛为例，所有公立及私立学校均可参与区级或大区范围内不同级别的由校园足球委员会（Schulfußball-Obleuten）组织进行的户外及室内足球体育比赛。这些比赛最终都会决出一个柏林市冠军（Berliner Meister）。对于一些级别的户外足球比赛，柏林市的优胜者有权参加进一步的全国性比赛。[①]2020 年户外及室内足球比赛竞赛级别及年龄要求如表 6-2、表 6-3 所示。

表 6-2　2020 年户外足球比赛竞赛级别及年龄要求

竞赛级别	年龄要求	
	男孩	女孩
0 级	2002 年以前	无
1 级	2001—2004 年	2000—2004 年
2 级	2004—2006 年	2004—2006 年
3 级	2006—2008 年	2006—2008 年
4 级	2008 年以后	2008 年以后
特殊教育组	2004—2008 年	
心理教育组	2002 年以后	

表 6-3　2020 年室内足球比赛竞赛级别及年龄要求

竞赛级别	年龄要求	
	男孩	女孩
2 级	无	2003—2007 年
3 级	2006—2008 年	无
德拉博杯	2007 年以后	2007 年以后
特殊教育 A 组	2003—2007 年	
特殊教育 B 组	2006—2010 年	
彗星杯	2007 年以前	

---

① http://www.berlin-sport.de/files/fu__ball_ausschreibung_2019-20_2.pdf.

　　针对 5 人制足球项目，柏林每年还会举办德拉博杯[①]，这是德国六年级以下规模最大的 5 人制室内足球比赛。自 1975 年以来约有 10 万名学生参与该项赛事。德拉博杯以学校为单位分为男足、女足和混合组，每所学校可报名一支男女混合队伍参加比赛，混合队参与男子组比赛，混合队中女子球员不得参加女子组比赛。对于参赛年龄，比赛做了严格的限制，球员均需为 13 岁以下，最大为六年级。每支参赛队伍最多为 8 人，其中 4 名场上球员、1 名守门员以及 3 名替补球员。男足会进行赛区划分和比拼，区冠军和亚军进入德拉博杯决赛圈，决赛圈有柏林 12 个区的区冠军和亚军总共 24 支球队参加，先进行 2 轮淘汰之后，剩余的 6 支球队进入最终决赛，并决出冠军。

　　德拉博杯对柏林的学生特别是热爱足球的学生来说是非常重要的一次比赛，不仅因为它受到教育部、青年和家庭事务管理部（die Senatsverwaltung für Bildung、Jugend und Familie）、耐克、柏林足球周的支持，还因为德国国家队教练也对此非常关心，他们会借此比赛来寻找有天赋的选手，许多球员也会因此走上职业体育的道路。

　　柏林还推出了足球初级教练培训课程（DFB）[②]，足球初级教练培训旨在使青年更有能力，在学校、俱乐部，无论是在实践中还是在丰富的课余活动中都变得越来越独立。因此，参加初级教练员课程的学生也可以参与自己学校的足球活动。培训课程面向柏林学校的学生，他们必须掌握战术方面的足球基本知识，年龄至少 15 岁并且对课程感兴趣。免费的培训课程由柏林足球协会的负责人领导，由 40 个教学单位组成。他们负责教授定制训练时间和训练内容、筹备与组织竞赛、训练方法、技（战）术训练、法律、急救、团队合作以及冲突管理的基础知识。结课后会颁发 DFB 初级教练证书，并且可以在学校报告中注明。DFB 初级教练员培训课程与柏林足球协会合作，得到了教育部、青年和家庭事务管理局以及商业银行的赞助支持。在该类培训中，他们还特别注意责任感的培养，课程中请假由教育部、青年和家庭事务管理局批准，如无特别严重，坚决反对请假。

　　鼓励学生参加综合性运动会也是柏林促进校园体育发展、丰富学生休闲生活的重要方式之一。根据德国文化部常务会议的决定，每所普通学校每年都要举办联

---

① https://berliner-fussball.de/drumbo-cup/.

② http://www.berlin-sport.de/files/anschreiben_schulen_dfb-junior-coach_1.pdf.

邦青年运动会^①，并要求十年级以下学生有义务参加。联邦青年运动会通常由学校举办。它也寻求与地区体育俱乐部和其他课外青年活动组织的密切合作，所有年龄段的儿童和青年都有资格参加联邦青年运动会。而裁判的准备工作，特别是涉及青年时，应当特别注意。建议对合适的学生进行培训，并要求体育组织进行合作。联邦青年运动会是 3 种基本运动——体操、田径、游泳的个人比赛，可以分为 3 种形式：① Wettbewerb，3 项基本项目的比赛；② Wettkampf，基本运动项目的特定项目全能比赛（三年级以上才能进行田径和游泳比赛）；③ Mehrkampf，3 项运动全能比赛。

这个概念包括 3 种运动之间的选择以及比赛形式、竞争形式和全能形式之间的选择。在理想情况下，3 种形式都应该进行，以满足儿童和青年的兴趣和体现个人能力。举办联邦青年运动会的目的是系统地将年轻人引入联邦青年运动会所包括的基本运动中。应避免过早专业化和规则范围过于严格。因此，建议一至六年级参与"Wettbewerb"活动形式。联邦青年运动会符合现代体育实践的要求。它涉及参加的体育项目之间相互协调的概念。联邦青年运动会的内容基于运动的基本形式，考虑了多功能性和选择性原则，并且倡导这 3 种形式的活动不应仅限于运动会中，而应在日常体育教育中得到普遍体现。

三、柏林校园体育与体育俱乐部的合作

俱乐部体育是德国最具特色的体育发展模式，柏林青少年校园体育的发展也离不开各类体育俱乐部。学校除开设体育课外，还鼓励学生积极参与不同的体育俱乐部，学校也会与不同的体育俱乐部进行合作，为学生提供更加丰富的体育活动。表 6-4 为柏林地区 19 岁及以下年龄参与体育俱乐部人数统计情况。

表 6-4　柏林地区 19 岁及以下年龄参与体育俱乐部人数统计情况

年龄	合计		男孩			女孩		
	总数	每千居民	总数	每千居民	占比 /%	总数	每千居民	占比 /%
7 岁以下	37332	142.2	20662	153.2	55.3	16670	130.5	44.7
7—14 岁	111172	445.3	70332	548.1	63.3	40840	336.6	36.7
15—19 岁	38454	333.6	26073	438.6	67.8	12381	221.8	32.2

---

① https://www.bundesjugendspiele.de/wai1/showcontent.asp?themaID=4954.

1. 体育俱乐部与学校的合作形式

体育俱乐部和学校以信任和基于伙伴关系的合作为目标，其中包括双方共同利益、期望成果以及协调学校与体育俱乐部之间合作的可能性等。双方应该共同提出想法并进行协调，最后达成具有约束力的合作协议。双方首先要考虑自己的现有条件、目标和方案。对于体育俱乐部来说，可以有以下几方面考虑：①考虑俱乐部内部现有条件，比如是否具有与学校合作的内部负责机构、经济和人力等资源，合作的目标和要求等；②分析大环境情况，比如在俱乐部所在的所属区内是否有学校，学校是否有合作意愿，体育设施情况等；③构建合作框架草案，比如提供的体育活动方向是大众性运动还是针对特殊人群的，是否应该提供比赛或者运动器材，对合作的学校有什么要求、期待等。

对于学校来说也可以从以下几方面考虑：①考虑学校内部条件，比如在学校的计划中是否考虑发展体育活动，是否准备好了与体育俱乐部合作，学生家长是否对此有兴趣等；②分析大环境情况，比如是否了解附近范围内的体育俱乐部，俱乐部是否具有相关专业体育知识，俱乐部是否有联络人等。学校和体育俱乐部相互协调自己的想法、理念并且开发共同的合作平台。在学校负责与俱乐部联系的主要联络人应由校领导、体育老师以及家长代表组成。在俱乐部负责与学校联系的主要联络人为俱乐部董事会、部分领导以及训练师。

在协调的过程中，双方都会考虑以下几点：①合作的内容、概念及定义描述；②对年龄范围以及目标群体的确定；③任命合格的教练/体育老师；④合作措施的确定日期和期限（工作日、具体时间、一学年或半学年、项目时间期限等）；⑤制定学校学生参与规则；⑥确定学校和俱乐部的主要联络人；⑦体育设施的位置、使用说明；⑧学校的后勤支持；⑨学校和体育俱乐部举办联合活动（比如举办运动会、体育节等）；⑩介绍在学校、家长、体育俱乐部以及公众中的合作情况；⑪ 采取适当措施了解所有相关人员的能力情况及满意度。若学校与体育俱乐部之间达成合作协议，必须以书面形式草拟并由双方的负责人或者代表签字。

2. 学校和体育组织的财政支持——2 个资金渠道

财政来源主要来自柏林青少年体育组织 Sportjugend Berlin 资助计划和学校自己的财政预算。1993 年以来，柏林市就有一项专门的资助计划，在财政上支持体育俱乐部、体育协会与学校之间的合作。通过这种方式，与约 330 所学校合作，定期支持总共约 210 个体育俱乐部和体育协会。每个学年，体育俱乐部与学校之间约有 750 项持续的合作措施通过财政补贴获得技术和组织支持，并由约 450 名合格的教练员、培训师进行指导和监督。这项资助计划自 2011 年起将重点放在了小学和文理中学上，因为大多数新建的综合中学都有自己的预算。该项计划同时也对社区学校提供了小学和初中的教育支持。

资助发展项目包括 3 个领域：

一，大众体育活动项目，包括各种体育活动中的休闲、竞技运动。可以专门为体育课上表现不好的学生提供专门的运动课程，为女孩提供专门的运动课程等。开展体育活动的形式不受限制，但是必须有周期性且连续进行，例如每周一次，持续一个学期。

二，青年运动员人才的搜寻与培养。在学校里建立一个综合人才基地，其中有天赋的学生接受训练，训练内容有一般性的运动训练、特定运动项目专用的基础训练等。这些训练必须持续进行，但是每周训练次数不得超过 2 次。

三，以体育为导向的其他项目。这些项目支持开展特定主题的学校和俱乐部体育活动，比如预防暴力或者促进社会融合的体育活动，促进社交技能或运动和健康饮食的项目等。这些项目由体育组织和学校共同研究开发并举办。

在上述资助领域的基础上，还可以提供以下财政支持：

一，补贴每个体育组织聘请教练费用，每 90 分钟最高补贴 13 欧元（约 100 元人民币）。

二，补贴每个体育组织购买体育用品及器械费用，最高可补贴 200 欧元（约 1600 元人民币）。

三，根据申请和可用资金为以体育为导向的其他项目提供补贴。

四，假期不对任何体育组织提供补贴。

五，只有在 Sportjugend Berlin 收到资助通知后，才能开始采取有关行动。

整个申请、批准和结算流程相对简单。可以在 Sportjugend Berlin 官网下载申请表格，提交填好的申请表即可。合作项目应每 6 个月结算一次。第一次结算在相应学年结束时进行，第二次结算在年末进行。结算所需要的材料有：①参与者名单。需注明相关训练师、时间、地点和工作人员等信息。参与者名单必须由学生签名确认，对于一到三年级学生，可通过学校的印章和签名来确认。培训师和俱乐部代表也需签名确认并盖俱乐部印章，证明工作开展。②需提供含有有关工作组信息，并有训练师及校方代表签字的报告。③需提交俱乐部聘请教练所支付费用证明原件。若是银行转账，需提供银行对账单或网上凭证；若是现金付款，则需提供收据原件。若申请体育器械补助，则需提供购买发票。

四、奥运会、残奥会青年训练计划

竞技体育人才学校化培养和俱乐部化培养是柏林培养后备人才初级阶段的 2 条重要途径，德国中小学体育工作与青少年体育俱乐部联系紧密，俱乐部青少年会员均来自学校，俱乐部支持中小学推广体育活动。[①] 奥运会青年训练计划（JTFO）以及残奥会青年训练计划（JTFP）则是校园体育、体育俱乐部训练和比赛到接受更高层次训练和比赛的跳板。

奥运会青年训练计划（JTFO）是在德国学校体育基金会的框架下，各州 16 个文化机构、德国奥林匹克体育联合会及其 16 个参加联邦比赛的体育联合会共同参与奥林匹克青年训练的规划和实施。德意志联邦共和国现任总统是联邦竞赛的负责人。柏林市长是在柏林举行的 2 次决赛的负责人、东道州的部长，负责学校运动的冬季决赛项目。德国学校体育基金会奥林匹克青年训练委员会负责计划、实施和进一步发展德国最大的全国性青年体育赛事。柏林州是德国学校体育基金会最重要的合作伙伴之一，每年春季和秋季 2 次组织联邦决赛。

学校团体之间的比赛基于全国性比赛系统。作为团体比赛，它对德国 16 个州的所有学校开放。它遵循自由参赛原则，但是只能以团体赛形式开展。比赛根据年龄划分成不同组别，并在标准项目与补充项目之间进行区别。

竞赛项目每年进行公示。目前，主要有男孩和女孩 5 个年龄段共 19 个项目——羽毛球、篮球、沙滩排球、足球、体操、高尔夫、手球、曲棍球、柔道、田径、赛艇、游泳、高山滑雪、越野滑雪、跳台滑雪、网球、乒乓球、铁人三项、排球（室内）。未在公告中列出的体育项目和竞赛组别不属于联邦一级竞赛标准的一部分。

除上述 19 种运动外，各州学校体育比赛尤其在决出优胜者之前，还提供速滑、击剑、划独木舟、艺术体操、摔跤、雪橇、滑雪板和帆船 / 冲浪运动。

残奥会青年训练比赛（JTFP）是一项学校团体比赛，德国的 16 个州均可参加。

---

① 刘远花、吴希林：《德国青少年体育发展及竞技后备人才培养经验与启示》，《首都体育学院学报》2014 年第 4 期，第 338 — 342 页。

目前，针对学生的联邦决赛活动主要有 3 个特殊优先权，即身体和运动发育（身体残障）、视力（盲人和视力障碍）、精神发育（智力障碍）。

具有特殊优先权的特殊学校队伍和由几所学校组成的团队，符合各州法规及参赛要求的，则有资格参加比赛。

比赛项目有针对所有具有特殊优先权的选手——残疾人田径、残疾人游泳；针对身体和运动发育（身体残障）的选手——轮椅篮球、残疾人乒乓球；针对视力（盲人和视力障碍）的选手——盲人门球、残疾人北欧式滑雪；针对精神发育（智力障碍）的选手：足球、残疾人北欧式滑雪。

各州应根据各地区规定和条件做出初步决定。每个州的冠军或者由各州文化部直接报名的学校可以参加联邦决赛。

残奥会青年训练比赛（JTFP）是德国针对残疾学生的学校体育比赛。它将竞争理念带入学校，在这种意义上增加学校与俱乐部之间的合作，在早期发现并培养人才。因此残奥会青年训练比赛（JTFP）与从 1969 年开始举办的奥运会青年训练比赛（JTFO）用相同规则比赛。

根据德国残疾人体育协会（DBS）的比赛要求，由德国学校体育基金会（DSSS）举办的联邦决赛 JTFO 和 JTFP 一年 3 次，同时在同一地点进行，但要根据德国残疾人体育协会（DBS）的竞赛准则，注册为专业团队的团队和德国青年残疾人运动协会的青年组织（DBSJ）要分开评判。仅比赛的组织就具有特殊的包容性，因为它提高了学生、教师和教练对残疾人竞技体育和竞技体育主题的认识，促进学校、俱乐部、部门和协会在残疾人体育方面的合作，并有助于早日筛选和培养残疾人体育的人才。自 1990 年以来一直在考虑并于 2010 年首次举办的 JTFP 比赛是由德国残疾人体育协会（DBS）负责的。根据协议和合作，德国学校体育基金会（DSSS）自 2012 年以来除了举办 JTFO 比赛之外，一直在组织 JTFP 的联邦决赛活动。根据 2018 年 8 月达成的新协议，双方的目标得以确定，将 JTFO 和 JTFP 这 2 个竞赛进一步合并在基金会的范围内，以更加统一地出现并定义明确的结构和职责。为此，双方都应发挥各自的能力。为了优化协调，DSSS 内设立了一个"残奥会训练青年竞赛"工作组。

JTFO 和 JTFP 比赛是全国范围内的竞赛，采用日益兴起的竞赛体系，为 8—18 岁有运动天赋的男孩和女孩提供 5 个竞赛类别。比赛始于 16 个州、城市和地区决赛，并到多个州和联邦决赛（针对特定的在标准项目中的竞赛类别和体育项目）。

五、柏林青少年体育社会工作

Sportjugend Berlin 是柏林国家体育协会的青年组织，是柏林青少年体育中非常重要的角色，承担了柏林以体育为导向的青少年社会工作。柏林青少年体育组织代表近 2000 个柏林体育俱乐部中的超 25 万名儿童、青年，是体育、青年社会工作、休闲教育和课外青年教育等项目和机构的推动者。柏林青少年体育组织基于平等原则，对所有儿童和青少年开放，无论其出身、肤色、宗教、性别、是否健全。它支持儿童和年轻人的个人和社会发展，并帮助避免或减少不利条件。它为青年人创造了积极的生活条件，并为其健康成长提供良好的基础。它倡导儿童和青少年的持续性发展，以及在柏林开展有组织的体育活动的青年工作，倡导青年体育工作的民主结构和自我组织，并促进公民参与。

柏林青少年体育组织的任务有：支持和促进体育运动和青年工作，并致力于儿童和青少年的竞技运动；鼓励青年人自愿参加体育运动；代表了组织内青少年儿童等相关群体在政治、社会上的利益；是体育俱乐部和体育协会在青少年体育工作方面的重要合作伙伴；致力于保障和改善儿童和青少年体育的现实条件；是体育和广大青年工作进一步发展的动力；面对当前的社会挑战，利用其手段解决社会政治问题和青年政治问题；组织也与其他青年福利组织以及体育运动的教育和社会服务组织合作。

此外，柏林青少年体育组织在学校与俱乐部合作方面承担了重要任务，为校园体育与俱乐部体育的合作提供直接的资金支持和组织支持；其日常工作包括发行出版物，以帮助公民更好地了解青少年体育现状、推进方法等；为了让青少年儿童更愿意参与体育活动，组织也会参与到体育节或者游戏节中，为活动中体育展示模块提供活动规划和人员支持；组织也为体育赛事和活动提供场地，位于奥林匹克公园中的青年体育中心就是青少年体育的培训中心，那里具备现代化设施的研讨室可供研讨会或培训课程使用；组织还会为青少年儿童提供教育培训以及社会文化服务，以帮助青少年儿童更好地进行社会化发展，培养他们的社会活动能力。

六、柏林校园体育以及青少年体育发展对杭州的启示

从柏林的校园体育建设不难看出，其注重培养学生的体育兴趣和习惯，将体育

行为融入学生的生活，成为生活的乐趣，从而达到终身体育、体育强健身体的目的。在中国，受到教育体制的影响，青少年校园体育一直以来都不被"重视"，在课程设置中是可以随时被替代的一项，但是逐年下降的学生身体素质也重新让大家认识到体育的重要性。2021年，杭州正式发布《杭州市进一步减轻义务教育阶段学生作业负担和校外培训负担实施方案》，此次的改革将进一步减轻义务教育阶段学生作业负担和校外培训负担。这同时意味着青少年儿童自由可支配时间增加，因此建设一套完整的校园体育体系对于杭州的青少年学习发展有着重要的意义。

从课程设置上看，首先需要重视体育课程的意义，体育课并不是随意可替代的，青少年儿童需要保证充足的运动，才能更健康地成长；其次，根据年级课程目的设置不同，应注重培养低年级段学生对体育的兴趣，课程形式多样，考核内容基础，以提高学生的体育参与度和对体育运动的认知，随着年级的增长，在课堂中引入更为专业的内容，并且借此培养相关体育项目的青少年人才。从体育项目活动组织上看，多样化的培训和竞赛活动是增加青少年体育活动参与率的重要方法之一，柏林充分发挥了自身俱乐部体育制度的优势，将校园体育和俱乐部体育相结合，为学生提供了多样的项目选择，各类项目的课程培训以及稳定、规范的青少年赛事的举办，也有利于后备人才的培养，实现从校园体育到竞技体育的发展。从青少年发展层面上看，在进行体育活动时，也要注重青少年群体的社会化教育，在运动中不仅强健其体魄，还要文明其精神，形成健全人格，并且提高其社交、认知等能力。

第 七 章
柏林体育研究报告及发展战略分析

一、市民体育和运动参与度

本章主要基于 2018 年柏林市政府发布的一份较为完整的公民体育调查报告，从宏观数据的角度对柏林市公共体育的现状进行了分析和总结。其目的主要在于更加直观且清晰地一览柏林市全体市民对体育的参与程度、优势之所在，以及到目前为止其建设和管理中暴露出的问题。而这些数据和结果将会对杭州市下一步公共体育发展有良好的借鉴和警示意义。关于借鉴和展望部分，将在本书的结语部分展开探讨。

调查报告显示，柏林是德国最热衷于运动和体育的城市之一。83.1% 的柏林人长期或至少偶尔参加某种形式的运动，只有大约 1/6 的人（16.9%）表示他们不积极参加体育活动（见表 7-1）。与其他城市的体育行为研究结果相比，柏林位居前列。这一点与柏林市对外开放的程度有关。作为一个国际化的开放性城市，柏林历来都有着举办各种国际赛事和体育博览会的历史，并且曾经承办过奥运会等多项国际化大型体育赛事，再加之本书前面列举的一系列举措和良好的公共体育设施，这一切都使得柏林市民更具体育意识，能够主动将体育运动融入日常生活。这种公民体育的意识对柏林市民的身心健康带来了良好的影响。

表 7-1　活跃人口比例跨城比较

城市	杜塞尔多夫	柏林	汉堡	汉诺威	慕尼黑	科隆	斯图加特
占比 /%	85.3	83.1	80.5	78.8	75.0	71.2	71.0

同时调查显示，在不同性别的比较中，女性和男性的活跃率大致相同（见表 7-2）。在不同年龄组中，居民的体育活跃人口比例呈现出较大的差异。在 10—18 岁年龄组中，高达 91.1% 的居民积极参与体育活动，但随着年龄的增长，活跃率呈缓慢下降趋势。然而即便如此，66 岁及以上组中仍有 73.3% 的受访者在参与体育活动。在这里值得注意的是，两性在各个年龄组中积极参与运动的比例均非常相近。综上所述，柏林市民参与体育运动的活跃度受性别因素影响小，受年龄因素影响较大，随着年龄增长呈缓慢下降趋势。在既往的公共体育研究领域，往往会忽略性别因素，仅关注年龄因素占比，而柏林市公共体育的数据显示，女性团体的运动意愿和实际参与度并不低，因此我们更需注意，在发展公共体育时应该同时关注

女性群体的特殊需求，例如在体育俱乐部的主题、活动的丰富程度上要关注女性特殊的身心需要。另外我们可以看到，随着年龄的增长，对于老年群体，尽管柏林市拥有良好的公共体育服务，但是整体参与运动的比例还是有所下降，这与老年人精力和体力有限，随着年龄增长会受到各种慢性疾病的困扰都有关系。然而整体来看，即使是在65岁以上的群体中，柏林市民的体育参与度还是达到了70%以上，这一数据在全球范围来看依然名列前茅（见表7-3、图7-1）。关注老年人的特殊运动需求和身心健康，成为面临老龄化的国家亟待解决的问题，值得相关部门认真研究。

表7-2 活跃人口比例

单位：%

总比	女性	男性
83.1	83.2	83.1

表7-3 按年龄组和性别划分的活跃率

单位：%

性别	年龄组				
	10—18岁	19—30岁	31—40岁	41—65岁	66岁及以上
男性	90.2	90.4	86.6	80.6	75.4
女性	92.1	88.0	89.0	83.5	71.7
总数	91.1	89.1	87.8	82.0	73.3

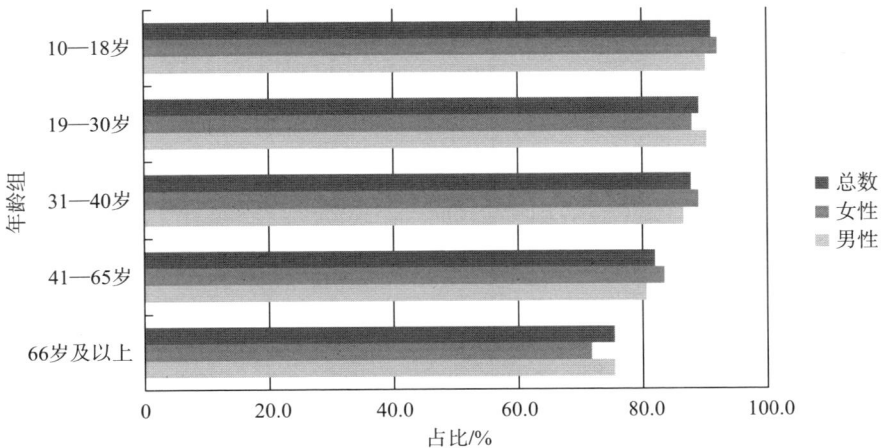

图7-1 按年龄组和性别划分的活跃率比较

二、运动形式和体育主题

调查报告显示，柏林市民青睐的体育项目和运动形式非常多样化，受访者提及了 180 多种广义体育范围内的项目和运动类型，较 2006 年的研究增加了大约 30 种。其范围包括休闲型活动（如骑自行车和慢跑）、经典运动（如足球、排球和篮球）、潮流运动 [如 Crossfit（综合体育训练）或跑酷]。根据广义的体育概念，休闲运动形式也被包括在内，如徒步旅行或散步。丰富的休闲和大众体育运动形式是柏林市公共体育运动的一大特点，正因为形式多种多样，才能更广泛地吸收各个年龄层次、性别群体和特殊需要的人群，让柏林市公共体育运动的全民参与度居于高位。与我国目前相对单一的社区健身和商业健身相比，柏林市丰富的体育运动类型恰好能满足不同人群的需求，从培养课后团队体育运动爱好的青少年，到工作十分忙碌只有短暂下班时间能够运动的上班族，再到无法从事激烈的体育运动的老年人，每一个人都能在丰富的运动类型中找到适合自己的运动方式。当然，这样丰富的运动类型一方面要归功于柏林市优质的公共体育设施资源，另一方面也要归因于市民开阔的视野和广泛的运动爱好。政府以及社会相应的宣传和引导也起到了重要的作用。

1. 热门项目列表

调查报告显示，最常被提及的 5 种运动形式（受访者最多可以说出 3 种活动）为自行车骑行（16.5%）、跑步 / 慢跑（11.3%）、游泳（9.0%）、健身（7.9%）及徒步旅行（5.0%）（见表 7-4、图 7-2）。最常被提及的"经典"运动是足球，占所有数字的 3.4%。因此，"五大运动形式"的结果与 2006 年柏林运动行为研究的结果基本相似（2006 年排名：自行车骑行、游泳、跑步 / 慢跑、健身、足球）。可以说在热门榜单的前几项上，人们的喜好是一致的。热门运动前 5 项并非柏林特有的热门运动，在与其他城市的对比研究中，这些项目也可能在相应的"热门榜单"中名列前茅。

表 7-4　热门体育项目榜单

单位：%

体育项目	总计
自行车骑行	16.5
跑步 / 慢跑	11.3
游泳	9.0
健身（普拉提、跆拳道等）	7.9
徒步旅行	5.0

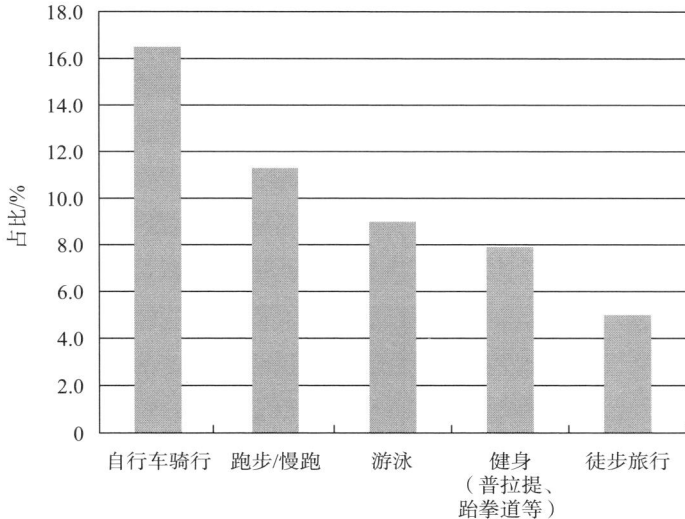

图 7-2　热门体育项目比较

　　经典的自行车骑行运动历来位居德国人老少咸宜的休闲运动之首，这与我们在本书第二章中分析的自然环境因素、文化历史因素、基础设施因素都有着密切的关系。正因为德国人对自行车骑行运动的高度喜爱，近几年德国政府在休闲自行车领域继续加大投入，修建了更多专供自行车骑行运动使用的道路和场地，甚至在北威州修建了全长 60 千米的自行车高速公路。同时，为了配合德国民众对自行车骑行运动的爱好，德国的公共交通系统也积极调整自己的政策，推出了一系列对自行车骑行者非常友好的政策，使自行车骑行者可以随身携带其自行车乘坐火车、公交、地铁等公共交通，大大方便了出行。政策的引导和资金的大量投入都对民众对公共体育的爱好走向产生了影响。近几年，我国的自行车骑行运动爱好者也呈现逐步上升的态势，我国也在进行相应的调整和促进。例如，北京已经开辟了国内首条自行车高速公路。杭州市作为全国领先的体育之城，可以考虑利用自己得天独厚的自然风光开辟更多对自行车骑行友好的政策，鼓励自行车骑行运动的发展。

　　除此之外，慢跑以及游泳运动的热门在本书的前几章中也有所涉及，其中最值得一提的是徒步旅行运动。徒步旅行之所以成为柏林市民，或者说德国人最为喜爱的运动之一，与德国得天独厚的自然环境有着密不可分的关系。优美的山川河流风光和清新的郊外环境都使市民愿意在忙碌的城市生活之余来一个健走活动。而在这一方面，杭州市恰好与德国柏林有着相似的自然环境，近几年举办的环西湖健走活动等都受到了市民的好评。相关机构可以考虑开展更加声势浩大的宣传，让更多人乐意参与到环湖走、环山徒步等休闲运动中；同时可以考虑成立更多的徒步俱乐部，吸收更多的人群加入徒步健身中来。

2. 按性别划分的体育形式

调查显示，最热门的运动和锻炼形式（自行车骑行、跑步/慢跑、游泳、健身等）在不同性别中的活跃度基本相同。对于这样大众化的健身项目，可以说是男女老少皆宜，但还是在一些活动中呈现出不同的性别分布。活跃度受性别因素影响最大的是足球，男性在其参与者中占压倒性多数。同时，体操和瑜伽等项目在女性运动热门排行榜上遥遥领先（见表7-5、图7-3）。尽管整体上性别在休闲健身体育项目上的需求差异不大，但还是应该在研究中注意部分性别区别，尤其是应该关心女性健康和女性的特殊需求，在对场馆的建设上也应该注重女性团体的特殊需要，例如设立专门的女子健身房、女子俱乐部，或者更多地组织女性主题的活动，如女子游泳、女子徒步、女子瑜伽等更吸引女性加入的活动；针对孕妇、家庭妇女等组织开展更多的健康讲座、亲子活动等更适宜女性需求的运动，增加与妇联的合作，以体育运动为依托开展更丰富的活动。这样做一方面可以更好地宣传女性参与体育的重要程度，另一方面也可以增进女性团体之间的精神交流，避免社会结构带来的孤立感和弱势感。

表 7-5　按性别划分的体育项目

单位：%

体育项目	女性	男性
自行车骑行	15.4	17.6
跑步/慢跑	10.6	11.9
游泳	9.5	8.5
健身（普拉提、跆拳道等）	8.7	7.1
徒步旅行	5.0	4.9
体操	6.3	2.4
器材训练	3.5	4.3
瑜伽	6.1	1.1
散步	4.4	2.8
足球	0.5	6.5

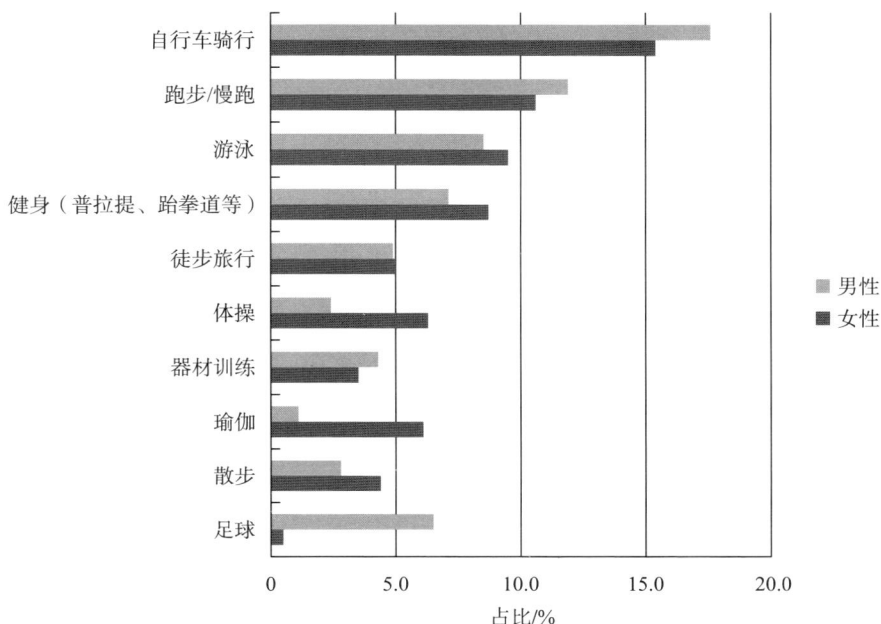

图 7-3　按性别划分的体育项目比较

3. 按年龄划分的体育形式

在所研究的 5 个年龄组中，可以发现人们在运动偏好方面有着相似之处，但也存在差异。例如，柏林市民最常从事的 4 种运动形式——自行车骑行、跑步 / 慢跑、游泳和健身——在 18 岁以上的 4 个年龄段中尽管顺序不同，但都排在前几位（见图 7-4）。

在最年轻的 10—18 岁年龄组中，体育项目的活跃情况与整个人口的差异最为明显。篮球、网球和乒乓球等球类运动在这个年龄段特别受欢迎，其中以足球为最；游泳和自行车骑行的占比也在前列；此外，骑马在这个年龄组的榜单上位列前 10 名。在各成年年龄组中，这些形式的运动活跃性急剧下降。

在 41 岁及以上的年龄组中，体操、徒步旅行或散步等进入最受欢迎的 10 种运动形式榜单。自行车骑行尤其热门，在 41—65 岁人群中的活跃度为 20.8%，在 66 岁及以上的人群中为 17.3%。

通过不同的年龄分层我们可以看到，不同年龄群体的市民对不同的运动形式有着不同的需求。这一方面尤其体现在多抗性激烈的运动随着年龄的增加有所下降，因此在体育组织丰富性的程度上要多注意不同年龄层的续期。

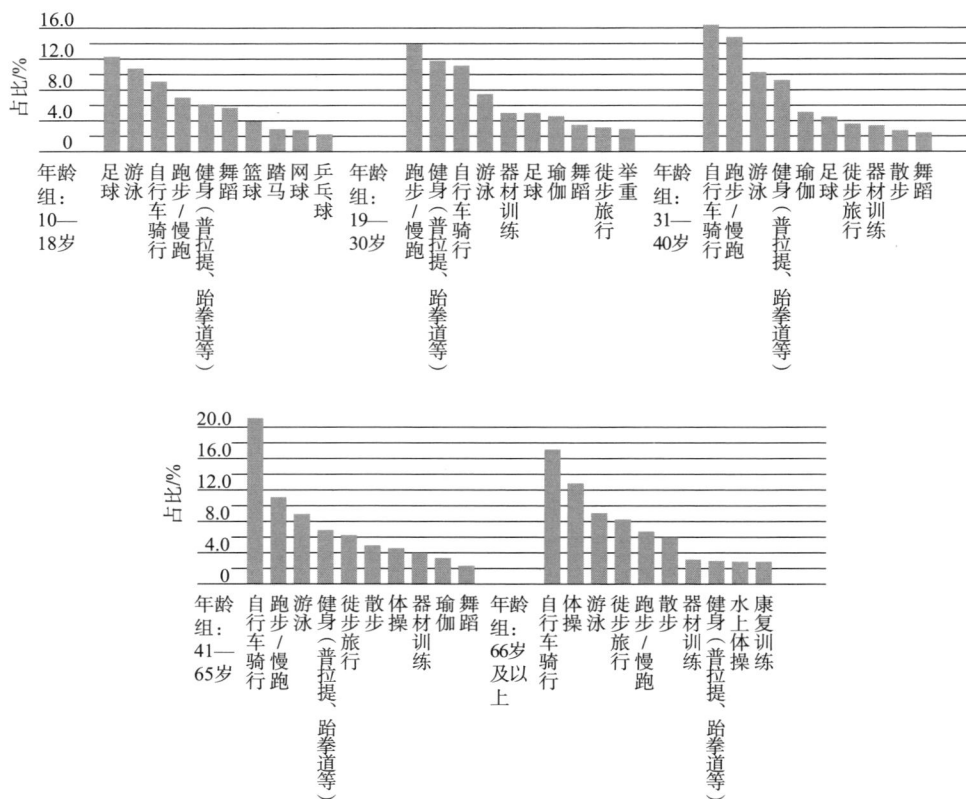

图7-4 按年龄划分的体育形式

4. 按年龄和性别划分的体育形式

如果在各自的年龄组中研究两性在运动和锻炼行为方面的偏好，就会发现特别显著的差异。例如，几乎各个年龄段的女性都比男性更喜欢瑜伽、舞蹈、体操和健身等运动和锻炼形式；而在40岁及以下的3个年龄组中，足球都是活跃度最高的10个运动项目之一，且主要参与者均为男性。

同时，游泳、徒步、散步、器材训练和骑行等项目中，两性在大多数年龄组中的活跃度差异不大，66岁及以上组稍有例外，自行车骑行的主要参与者为男性。而在跑步/慢跑方面，男女参与者的活跃度占比随着年龄的增加而发生逆转，女性慢跑者在10—18岁年龄组中占比明显较高，但在66岁及以上的年龄组中，慢跑的参与者主要为男性（见图7-5）。

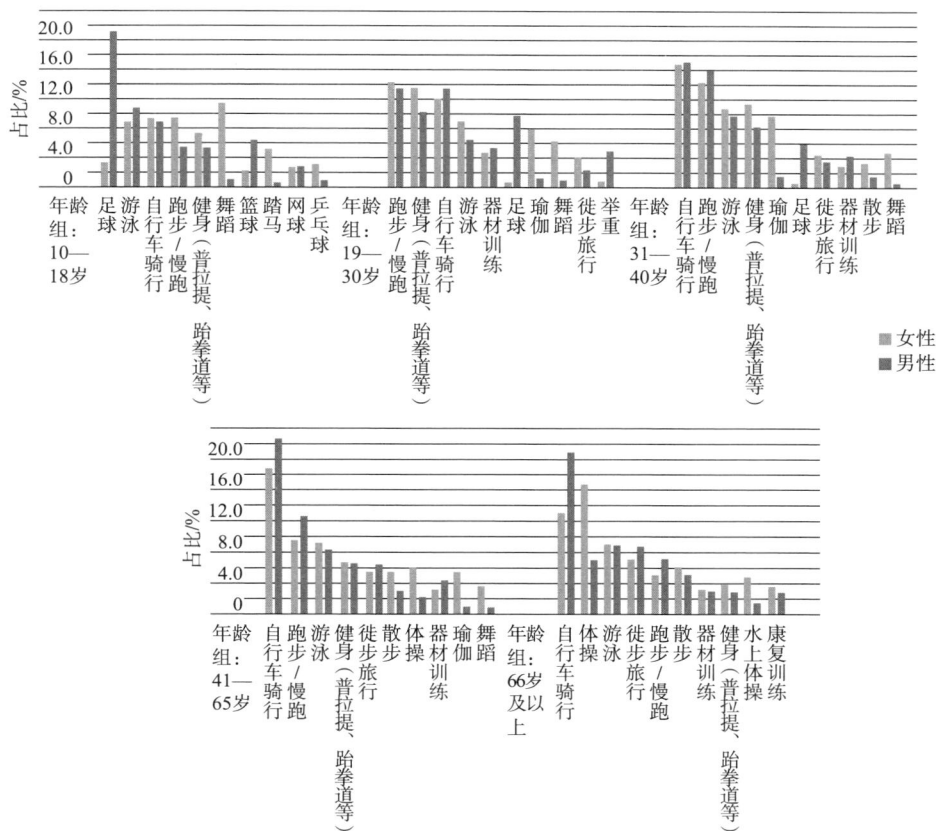

图 7-5　按年龄和性别划分的体育形式

5. 体育主题

如果把各种体育形式归纳为 8 个体育主题领域，就可以看到柏林体育的另一个侧面：80% 以上的运动和锻炼活动都可以归入"耐力型 / 户外运动"和"健康型 / 健身"这 2 个运动主题领域。

"耐力型 / 户外运动"这一大类下的体育活动占所有体育活动的 44.2%，其中包括自行车骑行、跑步 / 慢跑或徒步旅行；第二大主题领域（36.4%）可概括为"健康型 / 健身"，例如运动和健身形式的游泳、体操和瑜伽；第三大主题领域是"竞技型 / 体育比赛"，占比 11.9%，主要包括足球、篮球或网球等球类运动。其余 5 个体育主题领域在这一分组中的占比小得多，均低于 5.0%（见图 7-6）。

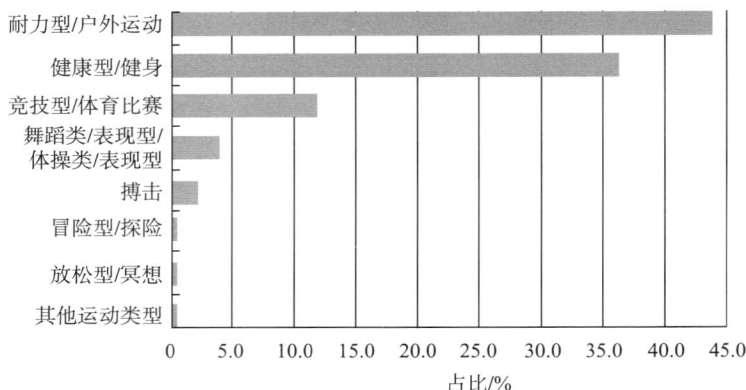

图7-6　体育主题领域

6. 按性别分列的体育主题领域

在大多数体育主题领域，男性和女性的参与率均有一定差异。这可以归因于在选择各自的运动形式时的特定性别偏好（参见"按性别划分的运动形式"）。男性和女性体育参与者在"耐力型/户外运动"这一体育主题领域的人数几乎相等，女性体育参与者在"健康型/健身"和"舞蹈类/表现型/体操类/体育表演"主题领域占主导地位，而"竞技型/体育比赛"和"搏击"这2个体育竞技领域则更受男性体育参与者的青睐（见图7-7）。

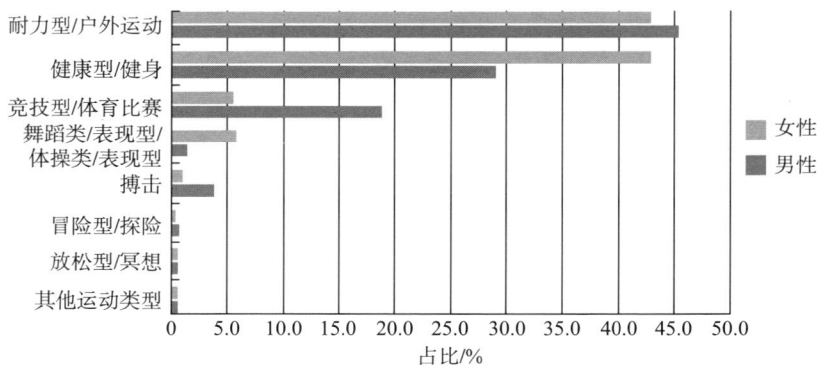

图7-7　按性别划分的体育主题领域

7. 按年龄和性别划分的室外体育主题

"耐力型/户外运动"这一主题领域的运动形式在所有5个年龄段都是最重要的。这一主题领域的活动比例随着年龄的增长而增加。在30岁以下的2个低年龄组中，女性从事这种形式运动的比例明显高于男性。然而，在 41 岁以后的 2 个高龄组中，这一比例却发生了逆转（见表 7-6）。

表 7-6 "耐力型 / 户外运动"主题领域按性别和年龄划分的活跃度

单位：%

年龄组	总数	女性	男性
10—18 岁	29.1	34.8	23.5
19—30 岁	38.6	40.5	36.4
31—40 岁	44.8	44.2	45.4
41—65 岁	50.3	47.4	53.3
66 岁及以上	43.9	37.7	51.8

在几乎所有的年龄组中，除了 10—18 岁组外，"健康型 / 健身"主题领域在活跃度排行中都位居第二。特别是在 19—30 岁组和 66 岁及以上组中，该主题领域的重要性明显提高。女性在这一运动领域特别活跃，且占比随着年龄的增长而增加，并于 66 岁及以上年龄组达到最大值（见表 7-7）。

表 7-7 "健康型 / 健身"主题领域按性别和年龄划分的活跃度

单位：%

年龄组	总数	女性	男性
10—18 岁	22.0	23.3	20.7
19—30 岁	37.1	41.3	32.8
31—40 岁	35.8	42.8	29.3
41—65 岁	35.2	42.3	27.7
66 岁及以上	44.9	53.9	33.5

与上述主题领域相比，"竞技型 / 体育比赛"主题领域的活跃度发展过程有所不同。在 10—18 岁年龄段，尤其是在男孩中，这个主题领域的活跃度尤为突出。在 19—30 岁的年龄组中，男女活跃度比例已经减少了一半。在所有年龄组中，男性的活跃度比例明显高于女性（见表 7-8）。

表 7-8 "竞技型 / 体育比赛"主题领域按性别和年龄划分的活跃度

单位：%

年龄组	总数	女性	男性
10—18 岁	29.0	15.7	42.0
19—30 岁	14.7	8.1	21.6

年龄组	总数	女性	男性
31—40 岁	12.4	5.8	18.6
41—65 岁	8.8	3.9	13.9
66 岁及以上	6.1	3.2	9.7

"舞蹈类 / 表现型 / 体操类 / 体育表演"主题领域的体育形式共占所有体育活动的 4.1%。该主题活跃度主要来自女性，尤其是在 10—18 岁的年龄段，年轻女孩在这一主题领域的体育活动中占了很高的比例（见表 7-9）。

表 7-9　"舞蹈类 / 表现型 / 体操类 / 体育表演"主题领域按性别和年龄划分的活跃度

单位：%

年龄组	总数	女性	男性
10—18 岁	10.5	19.0	2.1
19—30 岁	4.8	7.3	2.0
31—40 岁	3.4	5.6	1.3
41—65 岁	3.0	4.7	1.4
66 岁及以上	3.1	3.2	3.0

"搏击"主题领域的体育形式在所有体育和锻炼活动中占 2.1%。在儿童和青年人的年龄组中，这些形式的体育的重要性仍然相对较高，所占比例为 6.2%。然而，在随后的年龄组中，该比例持续下降，并在 66 岁及以上的年龄组中达到最低值。在 19 岁以上的年龄组中，"搏击"这一体育主题显然更受男性的青睐。

其他体育主题"冒险型 / 探险"和"放松型 / 冥想"由于在所从事的体育活动中所占份额较小，因此重要性不大；而且由于案例数量较少，无法进行详细评估。

三、运动强度及运动时间

报告显示，83.1% 的柏林人从事体育运动或积极参加某种形式的锻炼。其中大多数人从事 3 种活动（41.8%），平均每周用于这些活动的时间为 4.2 小时。在柏林，人们参与体育运动的情况基本上不受季节的影响，2/3 以上的体育和锻炼活动全年都在进行。从这个数据中可以看到，大多数的民众还是倾向于体育运动形式多元化，根据不同的条件在多种运动之间转化，因此城市能提供的运动丰富度就显得非常重要。

1. 运动形式的数量

大多数活动人口（41.8%）从事 3 项运动或锻炼活动。约 1/3（32.9%）从事 2 项活动，25.3% 的居民只从事 1 项活动。在 2 类和 3 类体育 / 运动活动领域的提及率较高，可归因于体育的广义定义，它不仅包括体育，还包括积极娱乐领域的偶然活动。此外，进行体育锻炼的次数与年龄密切相关。在 19—30 岁和 31—40 岁这 2 个年龄段的人群中，从事 3 项活动的比例特别高。

大多数体育活跃人口（41.8%）参与 3 种体育或体育活动，大约 1/3（32.9%）的人参与 2 种活动，25.3% 的活动者只进行 1 种活动。居民所进行的体育运动和体育活动的数量与年龄密切相关。在 19—30 岁和 31—40 岁这 2 个年龄组中，参与 3 种活动的人口比例特别高。随着年龄的增加，人们对体育丰富度的需求会逐渐下降，从事 2 种或 1 种的比例上升。因此，老年人对体育运动形式的需求与年轻人和青少年呈现出些许不同（见表 7-10）。

表 7-10　按年龄划分的运动形式的数量

单位：%

所参与的运动形式的数量	总数	10—18 岁	19—30 岁	31—40 岁	41—65 岁	66 岁及以上
1 种体育活动	25.3	33.7	20.7	19.0	23.1	36.9
2 种体育活动	32.9	31.9	32.0	31.2	34.4	32.7
3 种体育活动	41.8	34.4	47.3	49.7	42.4	30.5

2. 运动与季节

在柏林，运动和锻炼活动基本上不受季节影响。2/3 以上的体育和锻炼活动全年都在进行。仅在夏季进行的活动和项目在全部体育活动中的比例要小得多（25.5%）。完全在冬季进行的活动对柏林人来说并不重要。这一点与柏林市丰富的运动项目和良好的体育场馆建设有着密不可分的关系。柏林市大量的室内游泳馆以及室内的运动场地保障了即便刮风下雨都能够让市民从事体育运动。同时，德国人的户外精神在其体育运动的积极性上也起着很重要的作用，极端恶劣天气除外，大部分规律健身和运动的人都会选择风雨无阻地进行体育锻炼。

3. 体育活动的频率和持续时间

柏林人平均每周有 4.3 天积极进行体育锻炼，并平均花费 4.2 小时进行体育锻炼。性别差异在锻炼频率方面没有明显的体现，但在体育活动的持续时间方面区别明显：平均而言，男性每周参加体育运动的时间（4.8 小时）比女性（3.7 小时）多 1 小时左右，在 30 岁及以下和 66 岁及以上的 2 个年龄组中这一差距更加明显，达到每周多 1.5 小时。因此总体来说，女性的体育参与度，特别是老年女性的体育参与度相对较低，这可能是由多种原因造成的。如何提升老年女性的体育运动参与度，为老年女性打造更适合这一群体的体育活动也引起柏林市政府和相关部门的关注。

四、体育活动的改变和运动意愿

该报告显示，慢跑、健身、游泳、自行车骑行是近 3 年来柏林市民最常开展的运动。瑜伽运动的主要参与者是女性。问卷调查显示，近一半的柏林人口（49.9%）希望在未来尝试某种形式的运动，或希望长期从事这种运动。在所有项目中，游泳明显处于民众运动意愿的领先地位。游泳的确因为其较少地受到年龄和身体条件的限制，以及对心肺功能、关节骨骼等方面的诸多好处，始终受到普通民众的追捧和喜爱。

1. 体育活动的改变

一半以上的柏林活跃人口（56.8%）在过去 3 年中新开展了 1 种或多种体育活动，尤其是最高龄的 2 个年龄段（41—65 岁和 66 岁及以上），居民开展了多种多样的体育活动。跑步 / 慢跑、健身、游泳或自行车骑行，特别受到民众喜爱。一些典型的性别差异已经在选择运动形式的偏好中体现出来（参见前文"运动形式和体育主题"），如健身和瑜伽等活动的活跃度主要由女性贡献，而足球对男性而言意义非凡等（见表 7-11）。

表 7-11　按性别划分的新开展运动项目比例

单位：%

新开展的体育活动	总数	女性	男性
跑步 / 慢跑	11.7	11.2	12.1
健身（普拉提、跆拳道等）	11.0	13.3	9.2
游泳	8.5	7.4	9.4
自行车骑行	7.8	7.1	8.4
器材训练	6.7	5.1	7.9
瑜伽	6.2	10.4	2.8
足球	4.1	1.1	6.5
举重	3.2	0.4	5.5

新开展的体育活动	总数	女性	男性
舞蹈	2.9	4.7	1.3
体操	2.8	4.2	1.6

28.7%的柏林市民在过去3年中放弃了1种或多种体育形式，尤其是在30岁以上的2个年龄段，停止参与某项运动的人口比例高于平均水平。已经不再开展的体育形式，主要是大众化的群众体育。男女双方的运动偏好导致了性别差异。例如，男性主要放弃以男性性别为主的运动形式，如足球或器材训练；女性则更多地放弃健身活动，如舞蹈或瑜伽（见表7-12）。"缺乏时间"（17.8%）被认为是主要原因，"疾病"（13.3%）、"费用太高"（12.9%）和"太远"（11.1%）紧随其后。从结果来看，还不能发现体育形式变化的明显趋势。时间的缺乏如今已经成为现代都市人面临的重要问题，全世界各地的居民，尤其是年轻人之中都出现了过度工作的现象，加班会挤占大量的私人时间，从而也会导致用于运动的时间被压缩。另外，费用问题也会是市民考虑的一个因素，特别是对于场地需求比较高的运动，如果能够相应降低费用门槛，将促进一批对价格比较敏感的人群的参与意愿。这一特点尤其体现在经济弱势群体，如中老年人或社会低保人群中。

表7-12　按性别划分的被放弃的体育活动

单位：%

被放弃的体育活动	总数	女性	男性
健身（普拉提、跆拳道等）	11.0	12.0	9.6
跑步/慢跑	9.1	9.1	8.9
游泳	8.3	8.7	7.8
足球	6.8	1.5	13.5
自行车骑行	4.9	4.2	5.9
舞蹈	4.0	6.4	1.1
器材训练	3.6	2.8	4.6
健身房中运动	3.5	4.5	2.2
瑜伽	3.2	4.9	1.0
网球	2.7	2.3	3.1

2. 运动意愿

在柏林人口中，仅有不到一半的柏林人（49.9%）愿意在未来尝试或长期从事某项运动，这一意愿在低年龄组的女性中尤其强烈。在未来希望尝试的体育活动中，游泳在两性的各年龄组中均名列前茅，占 17.1%，其后是舞蹈（6.1%）、健身（5.4%）和瑜伽（5.1%）。从性别角度看，女性尝试运动的意愿主要偏向于舞蹈、瑜伽和骑马，而男性提到足球的频率明显更高。但总体来看，体育意愿中的性别差异不太显著（见表 7-13、图 7-8）。

表 7-13　按性别划分的运动意愿

单位：%

运动意愿	总数	女性	男性
游泳	17.1	17.9	16.4
舞蹈	6.1	9.6	1.8
健身（普拉提 / 跆拳道等）	5.4	5.9	5.0
瑜伽	5.1	7.8	1.8
跑步 / 慢跑	3.7	3.2	4.3
自行车骑行	3.6	2.9	4.6
攀岩 / 徒手攀岩	3.3	2.8	4.0
网球	2.9	2.4	3.6
骑马	2.3	3.9	0.4
足球	2.2	0.7	4.1

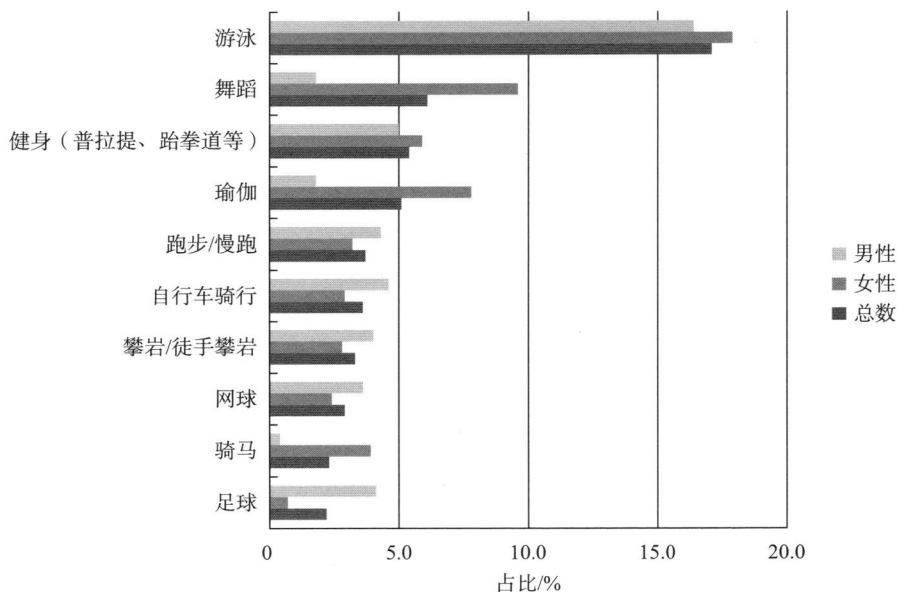

图 7-8　按性别划分的运动意愿比较

各年龄组中还有一些其他特点。例如，球类运动（如足球、篮球、网球、排球等）和骑马是 10—18 岁青少年频繁提及的运动意愿；在 19—30 岁和 31—40 岁的年龄组中，攀岩 / 徒手攀岩是排名前五的运动意愿；水上体操对老年人（66 岁及以上组）尤为重要。

在尚未实现运动意愿的人群中，最常提及的原因是"没有合适的机会"（19%）、"没有时间"（18.5%）、"费用太高"（17.3%）和"去运动太远"（16.1%）；另一方面，"缺乏运动同伴""缺乏动力""疾病""身体残疾"对运动意愿的阻碍较小。这几个数据与之前放弃运动的项目大致相似，时间和费用一直都是其主要原因。值得注意的是，在柏林市的此次调查中，身体的限制对运动意愿的影响不大，这一点恰恰体现了柏林市体育设施的人性化带来的效果，大量的无障碍设施和良好的服务都为老年人、残疾人等人群提供了运动方便，他们无须因为设备或场地的支持不足而不得不放弃自己想要从事的运动。

五、运动场所

报告中涉及运动场所的章节显示，大自然即森林、湖泊、河流或公园，是最常被提及的运动和锻炼场所。如果加上道路空间，那么柏林人一半以上的体育锻炼活动都在这些开放地区和公共区域进行。俱乐部、学校和大学尤其依赖公共体育资源或公共资助的体育设施，所开展的体育活动中约 1/4 需要利用这些资源。对于柏林人来说，能在自家附近享受体育活动特别重要，绝大多数体育活动（80%）的参与者在 30 分钟以内就能到达运动场所。柏林 60.5% 的运动场所可以步行或骑自行车到达，一半以上的场所位于运动者住所 2 千米以内。积极参加体育锻炼的柏林人中大约有 3/4 对其体育场馆的条件给予了积极评价，大多数受访者对体育场馆的可及性也给予了积极评价。投资建造离家近的体育和锻炼设施，对柏林人来说很重要。

柏林市民的体育和锻炼活动不仅在特定地点进行，而且在整个柏林的城市景观中随处可见。体育场馆的多样性源于柏林人参与的多样化的体育形式。大自然即森林、湖泊、河流或城市中的公园，是最常用的体育和锻炼活动地点。30.5% 的体育活动是在柏林的绿色空间或休闲空间进行的，排在其后的运动场所是城市道路（22.7%），超过一半的体育和锻炼活动是在这些开放空间和交通区域进行的。

在公共或公共资助的体育设施中，体育馆所占比例最大，为 8.5%。如果将运动场（6.4%）、游泳池（6.2%）和特定体育场所（如溜冰场或骑马场，4.8%）包括在内，则公共或公共资助的体育基础设施为大约 1/4（25.9%）的体育和锻炼活动提供空间和条件。11.9% 的受访者经常使用健身中心进行运动，该比例在所有运动场所中排名第三；8.1% 的受访者主要在自己的住所中运动，该数据排名第五（见图 7-9）。

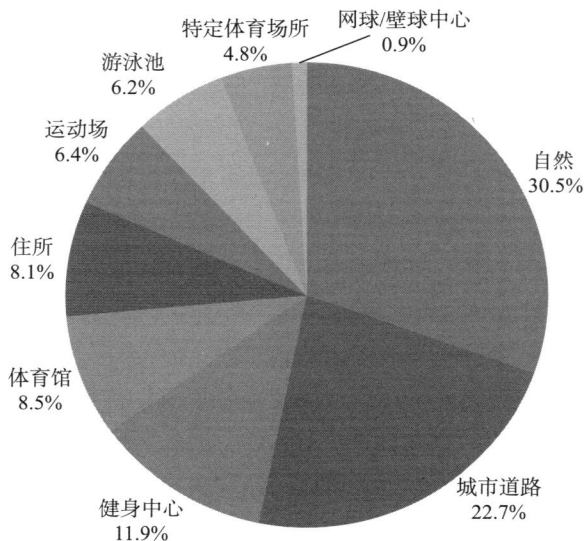

图 7-9　运动场所占比情况

上述运动场所是各种用户群体经常光顾的地方。根据性别、年龄和运动类型的不同，场地使用者有不同的偏好。下面简要介绍几种运动场所，介绍分析不同人群对不同场地的选择，以及不同形式的运动和锻炼的流行程度。

1. 自然（30.5%）

森林、湖泊、河流、公园和绿地是柏林人最常使用的运动和锻炼场所之一。在 31 岁及以上的男性和女性用户群体中，这些场地的使用比例高于平均水平。对"耐力型 / 户外运动""冒险型 / 探险"两大主题的体育运动来说，大自然这一运动场所尤为重要。

2. 城市道路（22.7%）

31—65 岁的男性和女性将街道和自行车道作为运动场所的比例略高于平均水

平。只有 10—18 岁年龄组的人将城市道路作为运动和锻炼的场所，其比率低于平均水平。城市道路的运动和锻炼形式，主要来自"耐力型／户外运动"的主题领域。

3. 健身中心（11.9%）

19—30 岁年龄组的居民尤其热衷于使用健身中心进行运动和锻炼。在所有年龄组中，女性均是健身中心最主要的用户客户群。人们在健身中心进行的运动主要来自"健康型／健身""搏击""舞蹈类／表现型／体操类／体育表演"等主题领域。

4. 体育馆（8.5%）

作为运动场所中的一种，体育馆对 10—18 岁年龄段的男孩和女孩而言意义尤其重大。柏林居民使用体育馆进行锻炼的平均比例为 8.5%，而这一数字在 10—18 岁年龄组中分别达到了 21.8%（男孩）和 19.6%（女孩），远超平均水平。随着年龄的增长，人们对体育馆的利用率急剧下降。只有在 66 岁及以上的女性群体中，这一比例才再次达到平均水平及以上。人们在体育馆中进行的运动和锻炼，大多来自"搏击""竞技型／体育比赛""放松型／冥想""舞蹈类／表现型／体操类／体育表演"等主题领域。同样值得注意的是，虽然"耐力型／户外运动"和最重要的"健康型／健身"是八大主题领域中占比最大的，但柏林人不常在体育馆中进行与之相关的运动。

5. 住所（8.1%）

在所有年龄组中，女性居家锻炼的比例都超过平均水平，而男性占比只在 66 岁及以上组中达到平均水平及以上。柏林人在家中进行的运动主要是"舞蹈类／表现型／体操类／体育表演""放松型／冥想""健康型／健身"等主题领域。

6. 运动场（6.4%）

运动场作为运动场所的代表，在 10—30 岁的男性中，其频率高于平均水平。在女性中，10—18 岁年龄组的情况尤其如此。运动场主要对"竞技型／体育比赛"主题领域的运动和锻炼形式具有重要意义。

7. 游泳池（6.2%）

66 岁及以上年龄组的人参观游泳池的频率高于平均水平。特别是在这个年龄段的女性中，游泳池作为运动场所的代表尤为频繁。在泳池中进行的体育运动几乎都属于"健康型／健身"领域。

对于绝大多数运动（85.1%）来说，居民都是从家里启程前往运动场所的。路上所花费的平均时间为 18 分钟（单程），平均距离为 3.7 千米。调查并分析到达运动场所的耗时和距离与间隔限制的关系（见表 7-14），就会发现柏林人进行的体育运动中 80.0% 以上可在 30 分钟内到达，超过一半（51.8%）的距离小于 2 千米。这些结果表明，拥有离家近的运动和体育活动机会非常重要，且锻炼者的活跃度与距离密切相关。

表 7-14　到达运动场所的耗时与距离

到达运动场所所需时间 / 分	占比 /%	与运动场所相隔距离 / 千米	占比 /%
小于 10	44.0	小于 1	35.9
10—30	36.2	1.0—2.0	15.9
31—50	12.2	2.1—5.0	21.5
大于 50	7.6	大于 5	26.7

然而，研究结果也显示，约有 1/2 积极参加体育锻炼的人没有在居住地至少开展 1 项活动。特别是居住在市中心的 19—40 岁的运动和体育活动爱好者，经常（61.9%）更换地区进行至少 1 项活动。

近 3/4 的体育场馆（72.7%）在调查中获得了积极参加体育锻炼的柏林人的正面评价。在"非常好"到"差"的四级评分中，25.6% 的运动场所被评为"非常好"，47.1% 为"好"，23.2% 为"可以使用"，4.1% 为"差"。尤其值得注意的是，在 10—18 岁的年龄组中，儿童和青少年对体育场所的积极评价超过平均水平。综观各个体育场馆的状况评估，可以清楚地看到，私营体育场所获得的评价高于平均水平，而街道和自行车道获评较差（见表 7-15、图 7-10）。

表 7-15　运动场所的条件

单位：%

运动场所的条件	合计	体育馆	运动场	游泳池	网球 / 壁球中心	健身中心	公园	自行车道	自然	街道	特定运动场所
非常好 / 好	72.7	74.3	75.3	72.9	83.4	89.9	70.9	54.1	74.9	59.9	82.3
可以使用	23.2	21.9	20.1	23.1	14.3	9.5	25.4	36.1	21.7	32.8	15.7
差	4.1	3.8	4.6	4.0	2.3	0.6	3.7	9.8	3.4	7.3	2.0

在积极参加体育锻炼的柏林人中，有 86.5% 的人在其住所附近就能找到可以用来进行体育锻炼活动的场所，如公园和绿地等；65.8% 的柏林人在其居住环境附近可找到体育设施，如体育馆或运动场。

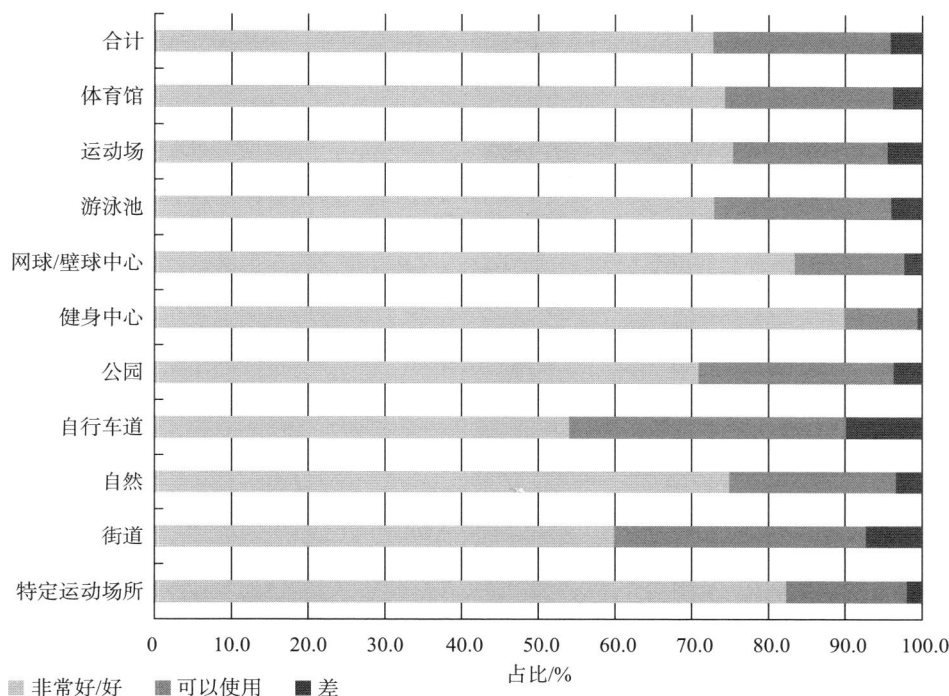

非常好/好　　可以使用　　差

图 7-10　运动场所的条件比较

在柏林人看来，市政投资应该主要流向安全自行车道的建设，以及游泳池、运动场和体育馆的现代化，投资扩大离住宅区近的运动场所（如公园或绿地）对柏林人来说也很重要。该项调查证明了充足的体育基础设施的重要性，这显然也是柏林人所主要期望的（见图 7-11）。

在面对"住宅环境中缺少哪些运动和锻炼设施"这一开放性问题时，17.1% 的柏林人首先提到"游泳/游泳池"；其次是"自行车路线/自行车"（6.1%）、"健身路径/户外健身/活动公园"（5.9%）、"绿地/公园"（5.4%）和"运动场"（4.9%），但提及比例明显较低。

"游泳/游泳池"这一关键词在两性的所有年龄组中都是最常被提出的，而"运动场"和"踢足球的机会"的主要提出者为 30 岁以下的男性。女性按比例更希望获得"绿地/公园的体育设施""跳舞的机会"和可供跑步或骑自行车的"安全/有照明的道路"。这些性别造成的差异是可预见的，人群在选择体育活动和使用体育场馆方面的偏好在前文中已经有所总结。

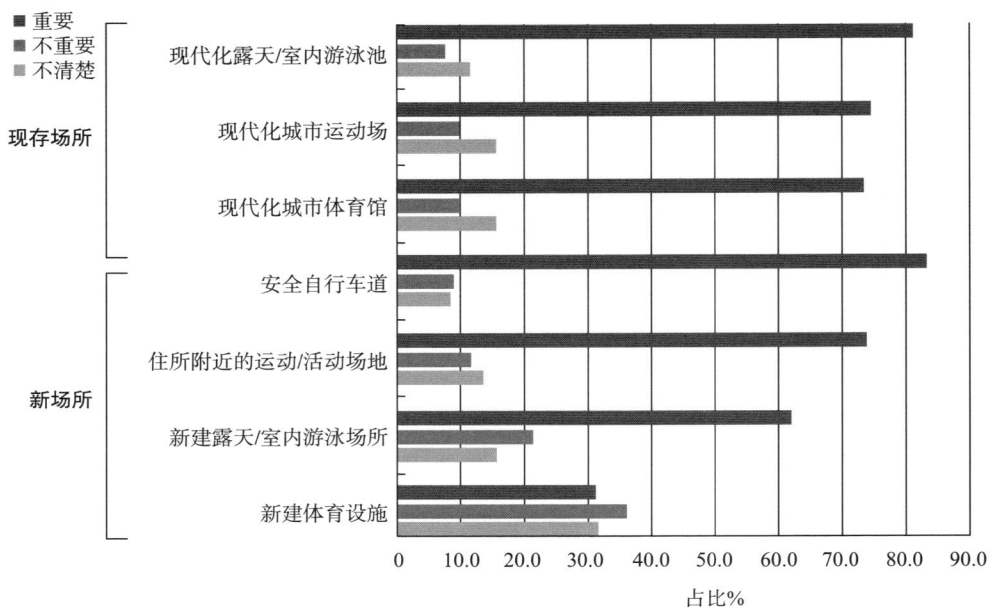

图 7-11　运动场所的优先级

六、体育活动的组织

1. 体育活动的组织形式

报告显示，近 3/4 的体育锻炼活动（74.2%）是由柏林人自己组织的。商业机构（10.6%）和俱乐部（9.3%）是 2 个最大的体育和锻炼活动提供者。其他形式的组织如医疗保险公司、公司或大学，占体育锻炼活动组织者的份额明显较小，不到 2.0%（见表 7-16）。最流行的 3 种运动——自行车骑行、跑步/慢跑和游泳——几乎都是由个人组织的。只有在游泳方面，俱乐部和商业机构才接触到一小部分对该项目感兴趣的人。大约一半的健身活动是由私人组织的，除此之外，商业供应商也提供了一定程度的活动。约有一半的足球运动是在私人组织下进行的，但这项运动在俱乐部组织的体育活动中也有很高的占比。由此可见，虽然柏林市的体育俱乐部占有很高的份额，但依然无法覆盖市民的全部需求，仍然需要商业机构的补充。自发的运动虽然存在一定不足，但是依然无法被替代。

表 7-16　体育活动组织者占比

单位：%

体育活动组织者	占比
自己 / 私人 / 个人	74.2
商业供应商（如健身房）	10.6
俱乐部	9.3
保险公司	1.4
其他	1.3
企业	1.0
高校	0.9
中小学	0.8
成人业余高校	0.4
教堂	0.1

　　通过对性别和年龄组的比较，可以看出：积极参加自我组织的体育和锻炼活动的男女比例大致相等，男性在俱乐部组织的体育活动中占比较大，女性体育活动爱好者更多地使用商业供应商提供的活动。

　　从 5 个年龄段来看，私人组织的体育锻炼活动显然在所有年龄段中占比最大。在俱乐部运动和商业体育供应商提供的活动中，可以看到各年龄组的不同偏好，例如 10—18 岁年龄组与 66 岁及以上的年龄组成员参加俱乐部组织的运动占比较高，分别为 28.2% 和 12.4%；19—30 岁年龄组成员在商业供应者组织的体育活动中参与度高于平均水平（13.0%）等（见表 7-17、图 7-12）。

表 7-17　性别及各年龄段占比

单位：%

组织形式	合计	女性	男性	10—18 岁	19—30 岁	31—40 岁	41—65 岁	66 岁及以上
自己 / 私人 / 个人	74.2	72.1	76.3	53.4	72.5	80.0	78.5	69.8
商业供应商（如健身房）	10.6	13.0	8.1	6.5	13.0	10.6	10.7	9.5
俱乐部	9.3	7.8	10.9	28.2	8.1	5.9	6.3	12.4
其他	5.9	7.1	4.7	11.9	6.4	3.5	4.5	8.3

　　如上所述，在组织体育运动的方式上，不同年龄组中也可以看到性别差异。例如，在俱乐部组织的体育活动中，几乎所有年龄组（66 岁及以上的年龄

组除外）的男性参与度都高于女性，10—18 岁组尤高，然而在 66 岁及以上的年龄组，这一比例却发生了逆转。同时，在所有年龄组中都可以看到，女性在商业供应商组织的活动中参与度更高。"其他"类占比在某些特定的年龄组中也会偏高，这一类别中包括学校、保险公司、教堂、企业等多个组织者，可以推测，在 10—18 岁的青少年组中，"其他"类占比高的主要原因是学校组织的体育活动，而 65 岁以上女性组的数值较高，大概是健康保险公司提供运动和锻炼活动的结果。

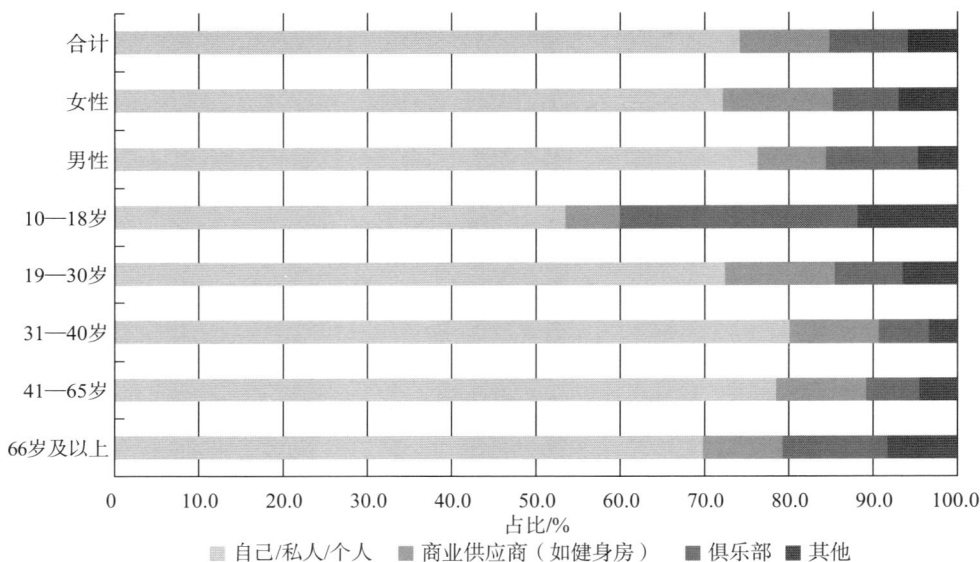

图 7-12　性别及各年龄段占比比较

2. 体育活动的组织情况

为了进一步找出柏林体育市场的特点，有必要对运动和运动活跃者本身进行研究。积极参加体育运动的柏林人以何种形式组织他们的活动？有必要将积极从事体育运动的人分为在私下进行运动的以及参与第三方组织的公共体育活动的人。在此背景下，只在私下运动的人口比例（60.5%）是只参与公共体育活动（15.2%）（使用由第三方组织提供的场地、设施）的 4 倍。约有 1/4 的运动者既参与公共体育活动，又在私下进行锻炼（见图 7-13）。

在跨性别对比中，只在私下进行体育活动男性（63.2%）比女性（57.2%）多，这种差异在 41—65 岁和 66 岁及以上这 2 个年龄组中尤为明显。

按年龄段对组织情况进行的比较表明，在 40 岁以下的年龄组中，只在私下进行体育活动的比例也在增加。在 10—18 岁的年龄组中，积极参与完全由他人组织的体育运动的人的比例最高，但在 19—65 岁的 3 个年龄组中，这一比例急剧下降，直到在 66 岁及以上的最高年龄组再次上升。大约 1/4（24.3%）积极参与体育运动的人同时进行私人和公共体育活动，该比例在 10—18 岁年龄组略高（29.8%），随着年龄的增长逐步下降到 66 岁及以上年龄组的 19.6%（见表 7-18）。

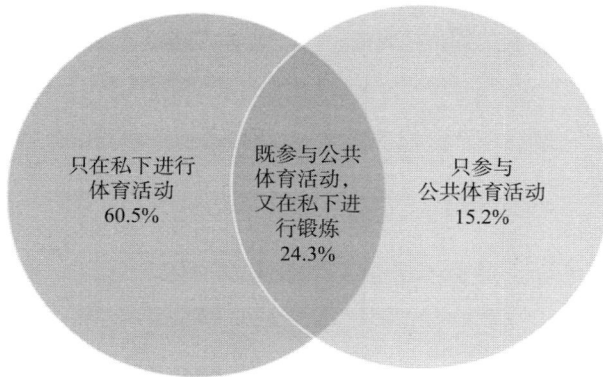

图 7-13　体育活动的组织情况

表 7-18　体育活动积极参与者结构概况

单位：%

体育活动组织概况	合计	女性	男性	10—18 岁	19—30 岁	31—40 岁	41—65 岁	66 岁及以上
只在私下进行	60.5	57.2	63.2	33.2	57.4	66.8	66.5	58.7
只参与公共活动	15.2	16.3	14.1	37.0	15.1	8.6	10.3	21.7
两者兼有	24.3	25.8	22.7	29.8	27.5	24.5	23.3	19.6

七、运动动机与冲突

调查显示，"健康／健身"是柏林人最常见的运动动机，而"成绩／竞争"相关的理由则不太重要。在运动的动机方面，两性之间的差异也是显而易见的。男性更重视运动中的表现和竞争，而女性则更多的是为了身材而做运动（见表 7-19、图 7-14）。

表 7-19　按性别划分的运动动机

单位：%

运动动机	合计	女性	男性
健康 / 健身	24.8	25.1	24.6
乐趣	17.5	17.8	17.2
补偿工作 / 娱乐生活	16.0	15.8	16.3
感受自然	14.0	14.7	13.2
身材	12.5	13.6	11.4
与他人共处	10.6	10.4	10.9
成绩 / 竞争	3.4	1.8	5.1

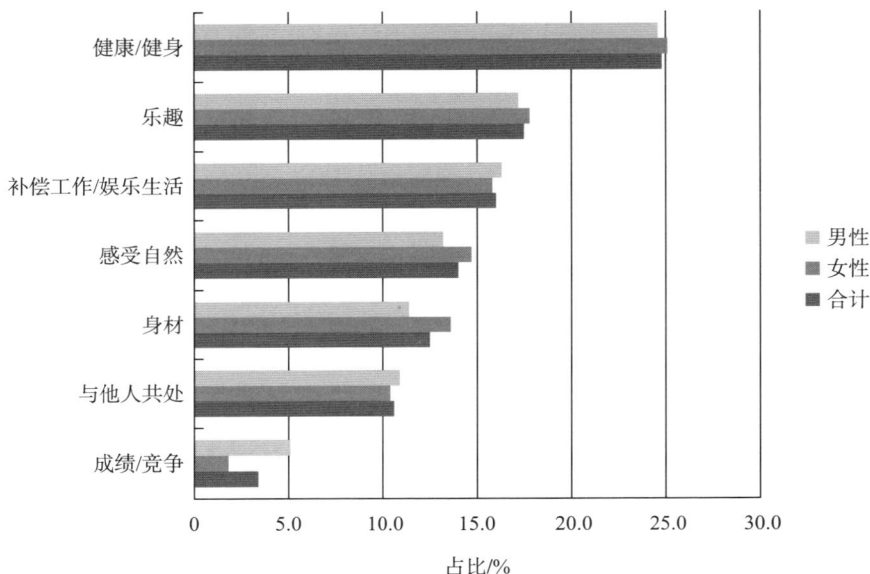

图 7-14　按性别划分的运动动机比较

随着年龄的增长，运动动机也随着生活环境的变化而变化。对于儿童和青少年群体，参与体育活动主要是因为"乐趣""与他人共处""成绩 / 竞争"。而中间 3 个年龄组（19—30 岁、31—40 岁和 41—65 岁）的体育和锻炼主要是作为工作和娱乐的一种平衡。在最高年龄组（66 岁及以上），"感受自然"和"健康 / 健身"的动机更为突出。

1. 不参加体育活动的原因

在 10 岁以上的柏林人中，有 16.9% 的人不积极参加运动或锻炼。最常见的原因是"没有时间"（17.0%），健康方面的限制，如"疾病"（14.1%）或"身体残疾"（11.6%）以及"缺乏动力"（13.8%）也产生了一定影响，只有10.0%的受访者因"缺乏兴趣"而不参加运动。体育设施和体育活动影响有限（"没有合适的项目"占比6.1%，"距离场所/设施太远"占比5.1%）。

在列举不参加运动的原因时，女性和男性受访者之间几乎没有任何区别。男性不参与体育活动主要原因是"没有时间"（20.0%），比女性（14.3%）略多一些。

更明显的差异出现在不同年龄组之间。调查证明，在人生的不同阶段，不进行运动的原因不尽相同。例如，10—18岁的儿童和青少年不运动的主要原因是"缺乏动力"（20.1%）、"缺乏兴趣"（15.2%）或"没有合适的项目"（9.0%）。在66岁及以上的年龄组中，"疾病"（27.7%）或"身体残疾"（26.3%）等健康限制是不进行体育运动的主要原因。总的来说，最常提到的原因是"没有时间"，在几乎所有的年龄组中都居于首位（66岁及以上的年龄组除外）。可见，时间仍然是制约市民进行体育运动最重要的因素（见表7-20）。

表7-20　不参加体育活动的原因

单位：%

不参加体育活动的原因	合计
没有时间	17.0
疾病	14.1
缺乏动力	13.8
身体残疾	11.6
缺乏兴趣	10.0
太昂贵	9.9
没有合适的项目	6.1
没有同伴	6.1
距离场所/设施太远	5.1

2. 运动冲突

就对体育运动的心理状态而言，近3/4的柏林人（72.1%）觉得"从不"为别人的体育活动而感到困扰，24.9%的人"有时"感到受影响，只有3.0%的人因为体育而"经常或非常经常"发生冲突。"鲁莽"被认为是与运动者之间发生冲突的主要原因（49.0%），"交通堵塞"（24.3%）和"噪声"（16.6%）等原因紧随其后。

该项统计年龄组和性别内几乎没有差异，只有 10—18 岁年龄组因交通堵塞发生冲突的比例（19.2%）低于其他年龄组。

八、对体育赛事的兴趣

调查显示，超过 1/3 的柏林市民（36.6%）每年至少观看 1 次体育活动。男性受访者的兴趣（44.3%）明显高于女性受访者（29.1%）。是否观看体育赛事受年龄影响，在比较被调查的 5 个年龄组时，可以明显看出，观看体育赛事的人口比例随着年龄的增加而明显下降（10—18 岁年龄组为 55.5%，66 岁及以上年龄组为 24.3%）（见表 7-21、图 7-15）。

表 7-21　按性别和年龄段划分的体育赛事观看率

单位：%

是否观看体育赛事	合计	女性	男性	10—18 岁	19—30 岁	31—40 岁	41—65 岁	66 岁及以上
是	36.6	29.1	44.3	55.5	41.1	40.9	34.9	24.3
否	63.4	70.9	55.7	44.5	58.9	59.1	65.1	75.7

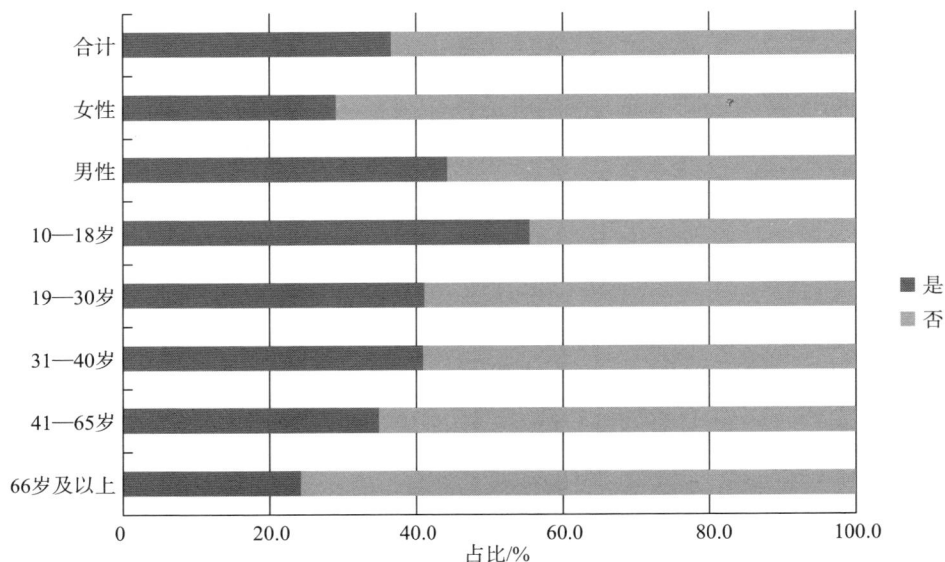

图 7-15　按性别和年龄段划分的体育赛事观看率比较

最吸引柏林人的体育赛事是德甲联赛、体育节和田径比赛。27.5% 的人每年至少观看 1 次德甲比赛，17.8% 的人参加体育节，14.1% 的人观看田径比赛。德甲联赛尤其受男性欢迎（32.3%）。观看德甲联赛在女性组中也占到了 19.9%；此外，体育节（20.0%）和田径比赛（17.2%）也在女性参加和观看的体育活动中名列前茅。

对于柏林人来说，"多样的运动机会"是体育大都市最重要的特征，有 31.2% 的人提到了这一点。"开放的运动空间"（18.0%）和"激励性的学校体育"（17.2%）紧随其后，排名第二位和第三位，结果几乎相同。"国际性体育赛事"（13.3%）和"成功的国家联赛或俱乐部球队"（8.2%）分别排在第四位和第五位。性别之间的差异首先体现在"成功的国家联赛或俱乐部球队"和"激励性的学校体育"这 2 个答案类别。更多的男性认为，"成功的国家联赛或俱乐部球队"是体育大都市的一个重要特征，而女性选择"激励性的学校体育"的频率更高一些（见表 7-22）。

表 7-22 按性别划分的体育大都市的重要特征

单位：%

体育大都市的重要特征	合计	女性	男性
多样的运动机会	31.2	31.8	30.5
开放的运动空间	18.0	19.0	17.1
激励性的学校体育	17.2	19.1	15.4
国际性体育赛事	13.3	12.5	14.1
成功的国家联赛或俱乐部球队	8.2	5.6	10.9
成功的本地运动员（榜样作用）	4.9	4.4	5.4
商业化体育	4.1	4.5	3.5
其他	3.1	3.1	3.1

九、研究结果比较及发展趋势

本次调查主要涉及 2006—2019 年的柏林市体育运动基本情况与发展。与 2006 年最后一次柏林体育行为研究相比，柏林居民的体育活跃率上升了超过 11 个百分点，达到 83.1%。考虑到人口的增长，这意味着约有 50 万柏林人积极参与运动和锻炼（调查对象最低年龄为 10 岁）。这一增长在两性的各个年龄组中都有所体现，

10—18 岁年龄组的女性（2017 年活跃率为 92.2%，2006 年为 74.5%）和 65 岁以上年龄组的女性（2017 年活跃率为 71.7%，2006 年为 54.6%）的百分比份额增幅最大，均超过了 17.0 个百分点。这些发展导致按性别划分的活跃率总体上趋于平缓。与 2006 年相比，非德国公民的体育活跃率也有所增加（约 9.0 个百分点），达到 77.5%。

1. 体育活动和体育主题领域

对前 10 种运动形式的比较表明，其排名出现了轻微的变化，但排名前 10 的运动项目并未改变。自行车骑行运动仍然位于参与度榜首，被提及的比例略有增加，跑步 / 慢跑和游泳紧随其后，占比变化很小。与 2006 年相比，足球运动被提及的比例略有下降。瑜伽（2006 年为 1.1%）和器材训练（2006 年为 0.1%）是 2017 年新进入前 10 名名单的。舞蹈在 2017 年以 3.0% 的比例排在前 10 名之外。羽毛球也跌出了前 10 名的名单（见表 7-23）。

表 7-23　活跃度前 10 名的体育活动 2017 年与 2006 年对比

单位：%

2017 年		2006 年	
项目	占比	项目	占比
自行车骑行	16.5	自行车骑行	13.9
跑步 / 慢跑	11.3	游泳	10.8
游泳	9.0	跑步 / 慢跑	10.7
健身（普拉提、跆拳道等）	7.9	健身（普拉提、跆拳道等）	8.7
徒步旅行	5.0	足球	5.2
体操	4.4	徒步旅行	4.5
器材训练	3.9	体操	4.4
瑜伽	3.7	散步	3.7
散步	3.6	舞蹈	2.5
足球	3.4	羽毛球	1.9

关于体育主题，首先可以看出各个分组的排名没有变化。值得注意的是，"健康型 / 健身"这一主题领域的重要性相对增加了 6.6 个百分点，而"竞技型 / 体育比赛"这一主题部分则相对减少了 5.3 个百分点。这些变化在非德国国籍的受访者群体中也有体现。其他主题领域占比几乎保持不变（见表 7-24）。

表 7-24 体育主题领域占比情况

单位：%

项目	占比	
	2017 年	2006 年
耐力型 / 户外运动	44.2	44.6
健康型 / 健身	36.1	29.5
竞技型 / 体育比赛	11.9	17.2
舞蹈类 / 表现型 / 体操类 / 体育表演	4.1	4.8
搏击	2.1	2.0
冒险型 / 探险	0.7	0.6
放松型 / 冥想	0.5	0.4
其他运动类型	0.4	0.9

2. 体育活动数量及所花时间

与 2006 年相比，大部分柏林人仍然表示他们日常进行 3 种运动，每周运动时间为 4.2 小时；与 2006 年相比，每周平均运动时间下降了 0.3 小时。然而，在每周平均 4.3 天的情况下，每周进行运动的天数增加了 0.5 天。因此可以总结出，与 2006 年相比，柏林人参与体育锻炼的频率更高，但时间稍短。

3. 运动意愿

与 2006 年一样，近一半的柏林人（49.9%）在本次调查中表示，他们希望在未来尝试或者永久从事某种形式的运动。与 2006 年一样，游泳是最受欢迎的运动，占受访者的 17.1%，与 2006 年相比增加了 5.8%。其次是舞蹈（6.1%）和健身（5.4%），与 2006 年相比，它们的占比略有下降。2017 年，跑步 / 慢跑和自行车骑行首次出现在十大运动意愿中（见表 7-25）。

表 7-25 运动意愿占比情况

单位：%

2017 年		2006 年	
项目	占比	项目	占比
游泳	17.1	游泳	11.3
舞蹈	6.1	健身（普拉提、跆拳道等）	8.7
健身（普拉提、跆拳道等）	5.4	舞蹈	7.4
瑜伽	5.1	高尔夫	4.4
跑步 / 慢跑	3.7	瑜伽	3.9
自行车骑行	3.6	网球	3.3

2017 年		2006 年	
项目	占比	项目	占比
攀岩 / 徒手攀岩	3.3	格斗	2.4
网球	2.9	有氧运动	2.3
骑马	2.3	水上体操	2.2
足球	2.2	攀岩 / 徒手攀岩	2.1

4. 运动场所

根据 2017 年和 2006 年的数据对比，柏林人对运动场所的选择相对没有什么变化。如果把最常用的 2 个运动场所——"自然"和"城市道路"放在一起，可以看到 2017 年与 2006 年相比增加了 6.8%。这意味着作为体育和锻炼活动的基础设施，城市的公共绿地和交通区变得更加重要。"游泳池"和"住所"等运动场所在 2017年的使用率比 2006 年略小（见表 7-26、图 7-16）。

表 7-26　运动场所 2017 年与 2006 年对比

单位：%

运动场所	2017 年	2006 年
自然	30.5	27.5
城市道路	22.7	18.9
健身中心	11.9	11.2
体育馆	8.5	8.5
住所	8.1	11.4
运动场	6.4	6.0
游泳池	6.2	9.3
特定运动场所	4.8	4.8
网球 / 壁球中心	0.9	2.4

5. 运动动机

与 2006 年一样，"健康 / 健身"是最常见的运动动机（24.8%），"乐趣"（17.5%）和"补偿工作 / 娱乐生活"（16.0%）的动机紧随其后。与 2006 年相比，"感受自然"（14.0%）的占比有所提高，而"成绩 / 竞争"（3.4%）、"距离场所 / 设施太远"（5.1%）和"没有合适的项目"（6.1%）等原因一直相对次要。2017 年，"没有时间"（17%）和"疾病"（14.1%）再次出现在不参加运动的常见原因中。

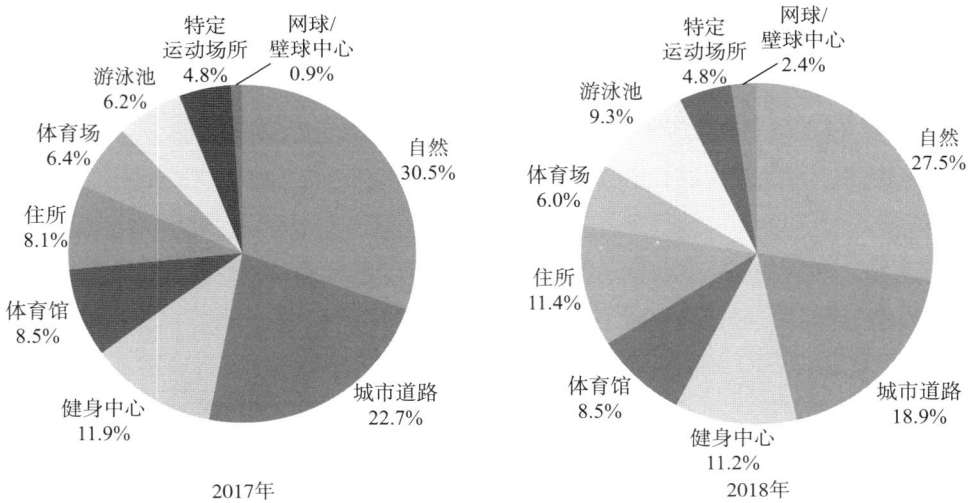

图 7-16　运动场所 2017 年与 2006 年对比

6. 运动冲突

与 2006 年的研究结果相比,"有时"感到被运动者妨碍的受访者比例增加了 11.8 个百分点(见表 7-27)。与 2006 年一样,这些冲突的主要原因是对体育人的不重视(2017 年为 49.0%,2006 年为 48.0%)。因交通堵塞产生冲突的比例有所提高(2017 年为 24.3%,2006 年为 11.4%),因运动项目的噪声而产生冲突的比例一直排在第三位(2017 年为 16.6%,2006 年为 15.6%)。

表 7-27　因运动发生冲突的频率 2017 年与 2006 年对比

单位:%

频率	2017 年	2006 年
很频繁 / 频繁	3.0	1.6
有时	24.9	13.1
从未	72.1	85.3

借鉴与展望

——大众体育的核心是人文关怀

　　体育以身体活动为手段，其最终目的是一种教育。体育作为人类文化的重要组成部分与人类社会的形成和发展有着密切的联系。体育精神的根本就是人文精神，尤其是大众体育以及公共体育的核心精神，最重要的就是群体的利益，它必须秉承对人的终极关怀，要让最广大的人群享受到最有趣、最有益、最适合自身对健康的追求和向往的需求。这种健康既包括个人身体、心理层面，也包括社会交往和关系层面。所以，大众、公共体育研究的核心就应该落脚到"人"，从数据和事实的角度分析一个城市到底是如何通过管理和发展理念让更多的"人"获得了最好的体育服务。

　　随着人类社会的不断发展，物质条件越来越丰富，人们将目光聚焦到体育运动，体育休闲开始成为人们生活中不可或缺的一部分。这将促进大众体育的蓬勃发展。对比柏林和杭州的公共体育建设，我们可以看到，其核心都是让人们拥有健康的体魄，过上美好的生活。由于所处时代背景和生活环境不同，两城在城市发展建设上有着一定的差异，但人们向往和谐、舒适、健康、幸福的生活目标却是相同的，所以我们最应关注的是不同文化之间所蕴含的共通的人文关怀。通过研究德国柏林体育与社会现象之间的相互关系，探究柏林体育与城市居民之间的社会活动、柏林体育对人的社会观念的影响，我们发现，体育运动已和人们的日常生活融为一体，成了城市繁荣发展的一大标志。体育运动与各个领域相互促进、共同成长。从柏林的大众体育、青少年体育等方面来看，学校体育对孩童的成长和教育起着十分积极且重要的作用，大众体育的发展让人们的生活更加健康、幸福，给社会发展带来了安稳和进步。德国的体育发展里最突出的特点就是对不同人群的关注和照顾。在柏林城市体育社会活动中，参与的体育运动群体各不相同，他们因共同的体育目标而聚集在一起，通过学习、训练、比赛的方式来达成他们休闲、娱乐或健身的目的。体育运动成了一个沟通交流的平台，为不同阶层群体提供社交服务。很大一部分的城市居民期望通过健身锻炼保持身心健康，通过参与社会活动来消遣闲暇时光，这一点恰恰体现了体育运动对社会交往层面的促进和整合。柏林市政府出台的法律法规保障特殊群体在体育运动中的权益，而体育活动维系和促进了老人、妇女、残疾人和青少年儿童群体的社交沟通。这对有着大量外来移民，以及作为德国首都的国际城市柏林的社会稳定发展、人民生活质量提高有着重要影响。

　　在研究柏林公共体育建设的过程中，我们还发现，柏林作为国际化大城市拥有着由各方面所汇聚而成的城市品牌形象，其中就有国际体育赛事对城市品牌形象的影响。当我们提到柏林时，想到的不仅仅是德国的首都，我们还知道柏林是马拉松、奥运之城。总的来看，柏林体育运动的良好开展，离不开柏林发达的社会经济和强大的综合实力，承办了多场世界级体育赛事的经验，较为成熟的职业体育俱乐部以及完整的赛事体系，运动锻炼健康生活的理念深入人心。对比杭州，已初具规模的大型体育赛事和本地特色的体育赛事，需要更为完善的政策措施保障和推广赛事的品牌影响力。为了能圆满举办第 19 届亚运会，杭州建设了一批专业化、现代化和智能化的体育场馆，借着这一场运动盛会，杭州将向全世界展示休闲城市的绚丽风采，以吸引更多的人来杭州。亚运会的筹备和举办，向市民很好地传播了体育文化，推动了全民健身，号召更多的人积极参加体育锻炼，为本土体育产业及相关行业的发展助力。一个城市想要在国际上打出自己的响亮名号，想要拥有一张国际发展上的金名片，就必须在体育上面走出属于自己的特色，能够在国际上树立自己独特的体育形象。也只有走上这一条发展道路，城市才能给居住在其中的居民带来真正的归属感和幸福感。

　　杭州与柏林都传承着优秀的文化和历史传统，同时也背负着各自的一些发展缺陷和困难。柏林可以算是从废墟上重建起来的城市，它的建设理念包含了良好的生态环境、美丽的休闲空间、健康的身体素质，是德国人民对绿色健康生活的向往，造就了柏林人的人文精神。但柏林面对的一大问题就是迅速的人口老龄化。在这一方面，柏林市通过体育设施的发展正走在一条积极解决人口结构压力的道路上。我们国家在进入 21 世纪后，人口老龄化成为不得不面对的社会问题。杭州在未来要建设成为一个国际化大都市，城市体育群体的发展应该是越来越多样化，运动场上的主角逐步转变成为普通居民。杭州最初依托悠久的历史文化和独特的自然及人文景观吸引了无数的国内外游客，但随着电子商务经济的快速发展，阿里巴巴等互联网公司迅速崛起，金融资本和各行各业的顶尖人才将未来发展的目标也锁定杭州。这座城市凭借着和谐、开放、精致、大气的城市精神会聚各路人才，传承历史文化，建设国际化大都市。

　　尽管杭州有许多本土品牌赛事，也举办了各式各样的体育竞赛，但赛事体系不够完善，没有较为扎实的群众基础。不难发现，柏林体育城市的成功建设，有着各项体育赛事、物质、文化作为基础保障，居民有强烈的体育锻炼意识，大众体育参与度高。杭州应重点关注不同人群的体育锻炼，合理规划体育场馆的建设和利用，完善体育公共服务，让居民享受到良好的体育锻炼，从而树立健康生活、强身健体的意识。"人间天堂"的杭州有着得天独厚的自然和人文景观，我们可将体育建设融入生态环境建设中，传承发展民族传统体育文化。我们应借助传统体育文化，持续开放包容，坚持"城市让生活更美好"的理念，让更多的人群融入杭州的社会发展中。

最后，城市公共体育建设面临全新的挑战和机遇。随着科技的发展，人类面临的城市发展进程将呈现出历史上前所未有的重大形势变革。在发展的道路上，一个城市不能只是照葫芦画瓢，必须发展更多的可能性，开辟出更加广阔的新型市场。人类在不断进步发展，200年前篮球运动都还没有发明出来，而如今成了世界上最受欢迎的体育运动之一。受传统认知影响，我国对于电子竞技可能还存在很大的争议，杭州亚运会这一举动已经向世人展示了它的开放。现今国际的权威组织已将电子竞技认定为运动项目，而杭州亚运会也将8个电子竞技项目纳入其中。虽然相较于传统的体育运动项目，电子竞技作为一种全新的项目，其定位依然受到很多批评和争议，但不可否认的是，电子竞技在不断扩大自己的影响，越来越多的人正狂热地投入这项活动之中，电子竞技作为一个体育项目的身份在未来必将成为发展的新方向。与传统的体育项目相比，电子竞技只需要在互联网上就可以进行比赛，在这一点上，杭州作为互联网之都有着得天独厚的优势。除去传统的体育比赛中需要有身体对抗之外，电子竞技几乎容纳和涵盖了传统体育比赛的所有要素——多样性、娱乐性、参与度、可观赏性、团队协作、体育精神、社交需求等，电子竞技项目能够达到与传统体育相媲美的程度，甚至在一些方面还远远超过传统体育。电子竞技的参与者和爱好者往往也是社交媒体上活跃的用户，针对目前城市化给居民造成的孤独感、隔离感，以电子竞技为载体都可以得到缓解和释放，有利于居民的身心健康。因此杭州市应该以亚运会为契机，加速推进电子竞技项目的发展，以传统运动项目的优秀经验为蓝本，建立起更加完善的电竞服务体系。例如建设更多的电竞场地，发展电竞俱乐部，让参与这项运动的爱好者能够有更多的交流机会和平台，以社团化的方式促进选手与选手之间以及选手与爱好者之间的交流。在规模化和规范化之后，继续鼓励电子竞技社团围绕更多的主题和领域开展形式丰富的活动，甚至扩展到传统体育和各类公益活动中。然而电竞体育作为大众体育发展的未来一个新兴分支，在发展的过程中也必然会面临前所未有的困难，例如如何防止青少年沉迷，如何将身心健康的理念融入其中，如何更广泛地让各个年龄的群体都对该项目有所了解和获得价值认可，这些都是未来发展中要面临的问题。但无论如何，面临时代的机遇，必须主动迎向电子竞技作为新型运动类型的发展机遇，以此为契机形成一套完整的产业链，从竞技体育到娱乐休闲，从制造业领域到商业领域都应该跟随趋势更新理念，因为无论进行价值上的认可或否认，大众电子竞技运动的兴起已经在数字时代形成不可阻挡之势。

总之，体育以人为本。强健的体魄和健康的灵魂是人类发展的基本标志，无论是竞技体育，还是大众体育、公共体育，抑或是新型的各种数字时代的独特运动形态，其核心都应该是"人"本身，无论是政策法规的制定、场馆的建设、资本的助力、科技的创新，最终目的都是在探索如何为人的身心健康发展提供更优质的服务，让社会上最广泛的民众从运动中获得快乐、健康和幸福的生活。只有把握住了这一根本内核，体育本身以及围绕着体育展开的一切活动才能够被赋予更多的内涵，才能朝正确的方向不断发展。

这也正是本书介绍、总结、探索柏林市公共体育政策发展的历史和现状的旨归所在，以期他山之石能够为更好地服务我国人民带来一些启示和经验。

参考文献

[1] Globalization and World Cities. GaWC：2018 世界城市名册 [J]. 上海城市规划，2018（1）：134-135.

[2] 杭州市人民政府门户网站. 杭州市"十四五"体育产业发展规划 [EB/OL].（2021-08-20）[2021-09-10]. http://www.hangzhou.gov.cn/art/2021/8/20/art_1228974682_59040614.html.

[3] 浙江省体育局. 2019 年浙江省全民健身发展状况调查公报发布 [EB/OL].（2020-04-08）[2021-09-10]. http://tyj.zj.gov.cn/art/2020/4/8/art_1229560421_59044566.html.

[4] 常德胜. 大型体育赛事促进杭州城市品牌建设与传播的路径研究 [J]. 浙江体育科学，2018（5）：17-21.

[5] 郭海莲. 对杭州市公共体育设施管理模式的探讨 [J]. 教师，2015（14）：100.

[6] 王海棠，翁惠根. 杭州市社区智慧体育公共服务体系构建研究 [J]. 运动精品，2021（5）：53-54.

[7] 浙江省体育局. 杭州抓关键小事解体育生活大事 [EB/OL].（2021-01-28）[2021-09-10]. https://www.sport.gov.cn/n14471/n14482/n14519/c977516/content.html.

[8] 陈泽彬，陈莹莹. 杭州市体育休闲行业协会成长研究：基于组织的资源依赖理论 [J]. 浙江体育科学，2020（2）：47-51.

[9] 陈宝珠，金淑丽. 全域旅游背景下杭州体育旅游资源的开发研究 [J]. 旅游论坛，2018（4）：98-104.

[10] 吴胜，吴刚，曾坚毅. 城市社区体育公共服务组织管理的研究：以杭州市为例 [J]. 浙江体育科学，2014（6）：59-62.

[11] 田园. 德国骑行文化：绿色出行理念和工匠精神的结合 [N]. 光明日报，2019-06-06（14）.

[12] crystal_li2010. 自行车出行国外越来越流行 [EB/OL].（2018-11-13）[2021-09-10].

https://wenku.baidu.com/view/58b0cb321fb91a37f111f18583d049649a660e00.html.

[13] 何金廖，张修枫，陈剑峰. 体育与城市：德国城市绿色空间与大众体育综合发展策略 [J]. 国际城市规划，2017（5）：44-48.

[14] 智研咨询. 2018 年共享单车用户规模增长至 2.35 亿人，有效改善居民出行结构 [EB/OL].（2019-11-04）[2021-09-10]. https://www.chyxx.com/industry/201911/801307.html.

[15] SARAOE. 共享单车对中国环保有何意义 [EB/OL].（2017-07-04）[2021-09-10]. https://huanbao.bjx.com.cn/news/20170704/834733.shtml.

[16] 比达网. 2019Q1 共享单车报告：35 岁以下用户占 8 成，用户规模回升 [EB/OL].（2019-05-16）[2021-09-10]. http://www.bigdata-research.cn/content/201905/948.html.

[17] 吴艳. 杭州国际马拉松竞赛管理存在的问题及对策研究 [J]. 广州体育学院学报，2017（2）：39-42.

[18] 杭州网. 杭州市准予许可开放的游泳场所（不包括学校、体育部门下属事业单位管理公共体育设施）统计表 [EB/OL].（2021-07-08）[2021-09-10]. https://hznews.hangzhou.com.cn/jingji/content/2021-07/08/content_8003263.html.

[19] 杭州市体育局. 杭州市级体育场馆对外开放收费公示 [EB/OL].（2019-12-02）[2021-09-10]. http://ty.hangzhou.gov.cn/art/2019/12/2/art_1691982_40732582.html.

[20] 陈洁. 浙江省杭州市游泳后备人才培养的现状及优势研究 [D]. 北京：北京体育大学，2016.

[21] 中华人民共和国国家发展和改革委员会. 体育产业发展"十三五"规划 [EB/OL].（2017-08-10）[2021-09-10]. https://www.ndrc.gov.cn/fggz/fzzlgh/gjjzxgh/201708/t20170810_1196891_ext.html.

[22] 杭州市体育局，杭州市发展和改革委员会. 杭州市体育发展"十四五"规划 [EB/OL].（2021-09-20）[2021-09-20]. http://ty.hangzhou.gov.cn/art/2021/9/26/art_1229292418_1800690.html.

[23] 石龙. 德国体育的启示与思考：之一 [J]. 运动，2013（7）：154-156.

[24] 中共中央办公厅，国务院办公厅. 关于进一步减轻义务教育阶段学生作业负担和校外培训负担的意见 [EB/OL].（2021-07-24）[2021-09-10]. http://www.moe.gov.cn/jyb_xxgk/moe_1777/moe_1778/202107/t20210724_546576.html.

[25] 国家新闻出版署.国家新闻出版署关于进一步严格管理切实防止未成年人沉迷网络游戏的通知[EB/OL].（2021-08-30）[2021-09-10]. http://www.gov.cn/zhengce/zhengceku/2021-09/01/content_5634661.html.

[26] 刘远花，吴希林.德国青少年体育发展及竞技后备人才培养经验与启示[J].首都体育学院学报，2014（4）：338-342.

[27] Globalization and World Cities [EB/OL]. [2021-09-10]. https://www.lboro.ac.uk/gawc/.

[28] Sport in Berlin [EB/OL]. [2021-09-10]. https://www.visitberlin.de/de/sport-berlin.

[29] Berliner Bäder [EB/OL]. [2021-09-10]. https://www.berlinerbaeder.de/.

[30] Seite 1von 5Tarifsatzungder Berliner Bäder-Betriebe [EB/OL].（2018-04-01）[2021-09-10]. https://www.berlinerbaeder.de/fileadmin/user_upload/Satzungen/Endfassg._Tarifsatzung_04.01.2018.pdf.

[31] BREUER C，FEILER S. Sportvereine in Berlin [R]. Köln：Sportverlag Strauß，2014.

[32] Amt für Statistik Berlin-Brandenburg. Statistischer Bericht BV1-j/19 Sportvereine im Land Berlin am 1. Januar 2019 [R]. Potsdam：Amt fur Statistik Berlin-Brandenburg，2019.

[33] Senatsverwaltung für Inneres und Sport. Sportstudie Berlin 2017：Untersuchung zum Sportverhalten [EB/OL]. [2021-09-10]. https://lsb-berlin.net/fileadmin/redaktion/doc/vereinsentwicklung/ergaenzende_berichte/4_Sportstudie_Berlin_2017.pdf.

[34] BREUER C，FEILER S，ROSSIL. Sportvereine in Berlin：organisationen und personen [R]. Köln，2019.

[35] Ausschreibung fußball 2019-20 [EB/OL]. [2021-09-10]. http://www.berlin-sport.de/files/fu__ball_ausschreibung_2019-20_2.pdf.

[36] Drumbo Cup [EB/OL]. [2021-09-10]. https://berliner-fussball.de/drumbo-cup/.

[37] Senatsverwaltung für bildung，jugend und familie [EB/OL]. [2021-09-10]. http://www.berlin-sport.de/files/anschreiben_schulen_dfb-junior-coach_1.pdf.

[38] Bundesjugendspiele 2019/2020 [EB/OL]. [2021-09-10]. https://www.bundesjugendspiele.de/wai1/showcontent.asp?themaID=4954.